A Mensagem

Prefácio de
STEPHEN R. COVEY

A Mensagem

Descubra seu propósito com o poder das palavras

KEVIN HALL

Tradução
Bruno Casotti

1ª edição

RIO DE JANEIRO | 2014

CIP-BRASIL. CATALOGAÇÃO NA PUBLICAÇÃO
SINDICATO NACIONAL DOS EDITORES DE LIVROS, RJ

H184m Hall, Kevin
A mensagem / Kevin Hall; tradução Bruno Casotti.
- 1. ed. - Rio de Janeiro: Best*Seller*, 2014.
il.

Tradução de: *Aspire*
Apêndice
ISBN 978-85-7684-500-3

1. Sucesso. 2. Técnicas de autoajuda. I. Título.

13-07496 CDD: 158.1
CDU: 159.947

Texto revisado segundo o novo Acordo Ortográfico da Língua Portuguesa.

Título original
ASPIRE
Copyright © 2009, 2010 by Kevin Hall, Power of Words, LLC.
Copyright da tradução © 2013 by Editora Best Seller Ltda.

Capa: Igor Campos
Editoração eletrônica: Abreu's System

Todos os direitos reservados. Proibida a reprodução,
no todo ou em parte, sem autorização prévia por escrito da editora,
sejam quais forem os meios empregados.

Direitos exclusivos de publicação em língua portuguesa para o Brasil
adquiridos pela
EDITORA BEST SELLER LTDA.
Rua Argentina, 171, parte, São Cristóvão
Rio de Janeiro, RJ – 20921-380
que se reserva a propriedade literária desta tradução

Impresso no Brasil

ISBN 978-85-7684-500-3

Seja um leitor preferencial Record.
Cadastre-se e receba informações sobre nossos lançamentos e nossas
promoções.

Atendimento e venda direta ao leitor
mdireto@record.com.br ou (21) 2585-2002

*Este livro é dedicado ao indiscutível
mestre das palavras, o professor Arthur Watkins.*

*Sou eternamente grato por você
ter aparecido em meu caminho.*

Sumário

Prefácio – por Stephen R. Covey	9
Nota do autor	15
Capítulo Um – A Palavra Secreta	17
Capítulo Dois – Descobridor de Caminhos	35
Capítulo Três – Namastê	55
Capítulo Quatro – Paixão	79
Capítulo Cinco – *Sapere Vedere*	103
Capítulo Seis – Humildade	125
Capítulo Sete – Inspire	141
Capítulo Oito – Empatia	159
Capítulo Nove – Treinador	177
Capítulo Dez – *Ollin*	195
Capítulo Onze – Integridade	215
Conclusão	233
O Livro dos Grandes	239
Epílogo – por Dr. Gerald Bell	251

Prefácio

Tudo começou com palavras. Em João 1:1, lemos: "No princípio era a Palavra, e a Palavra estava com Deus. E a Palavra era Deus." As palavras são, e sempre foram, a força criativa do universo. As primeiras palavras registradas do Criador — "Faça-se a luz" — deixam claro o poder iluminador que elas têm.

Este livro magistralmente escrito ajudará você a entender que as palavras contêm um poder inerente, uma força capaz de iluminar os caminhos e os horizontes. Usadas de forma correta e positiva, as palavras são os alicerces para a construção do sucesso e da paz interior; elas proporcionam uma visão e um foco que apontam o caminho para o crescimento. Usadas incorreta e negativamente, são capazes de minar até mesmo a melhor das intenções. Isso vale para os negócios, para as relações pessoais e para todas as outras situações. Há uma linguagem de progresso e há uma linguagem de retrocesso. Palavras vendem e palavras repelem. Palavras conduzem e palavras impedem. Palavras curam e palavras matam. Entendendo realmente seu significado no sentido mais puro, somos capazes de desvendar sua importância e seu valor divino, e de nos colocar em posição para desenvolver um novo vocabulário de liderança que olha para a frente, e não para trás, e que inspira, motiva, eleva, excita e impulsiona. Quando são usadas de maneira apropriada, as palavras cantam para o coração humano.

Sobre seu descobridor de caminhos

Conheci Kevin Hall há mais de duas décadas, quando ele liderava a divisão de vendas e treinamento da Franklin Quest. Ele me pediu para falar sobre os princípios da comunicação e da empatia no encontro anual da corporação. A paixão de Kevin por princípios atemporais e seu desejo sincero de ajudar os outros a encontrar e seguir um caminho e um propósito na vida eram visíveis.

Kevin era também o treinador do time de futebol de Lauren, minha neta, no clube, onde pude observar a capacidade dele de motivar e de incentivar jovens a alcançar objetivos com os quais jamais haviam sonhado. Ele estava tão preocupado com o sucesso pessoal de suas jogadoras quanto com o sucesso delas em campo. Lembro-me de uma ocasião em que abrimos nossa casa para uma sessão de desenvolvimento pessoal para o time, e Kevin providenciou para que alguns oradores "respirassem vida" nos sonhos e aspirações das meninas. Um orador, Art Berg, compartilhou uma mensagem poderosa (que você lerá no Capítulo 7). Muitos dos princípios ensinados naquela noite ressoam em mim até hoje.

Com o passar do tempo, a empresa que fundei, Covey Leadership Center, fundiu-se com a Franklin Quest para formar a FranklinCovey, uma destacada firma de serviços profissionais global da qual sou vice-presidente.

Antes da fusão, Kevin deixou a Franklin Quest para criar uma fundação para jovens e para pesquisar o significado oculto — e muitas vezes secreto — das palavras, bem como a relação destas com o crescimento e o desenvolvimento pessoal.

Desde então, temos discursado em conferências e trabalhado em conjunto com equipes executivas para o aprimoramento do desempenho de líderes. Assim como eu, há mais de vinte anos, abri novos caminhos em desenvolvimento humano ao descobrir os hábitos que tendem a levar a uma vida mais significativa, Kevin está abrindo novos caminhos ao descobrir e revelar a verdadeira intenção e o significado das palavras que constituem esses hábitos.

Venho conversando com Kevin sobre este livro ao longo dos últimos quatro anos e acredito que ele seja um guia magnífico para uma vida de realização e integridade. Cada capítulo traz princípios atemporais, que Kevin chama de "segredos". Por exemplo, no Capítulo 1, você descobrirá a Palavra Secreta. É uma palavra que tem sua origem na Índia, antiga e muito fortalecedora, que constatei ser incrivelmente liberadora de potenciais. Descobrir essa palavra e aprender a utilizar esse poder ilimitado já vale mais do que o preço do livro.

Ao ler sobre a viagem pessoal de Kevin para descobrir esses segredos, logo você perceberá o poder de sua própria jornada heroica.

Descascando a cebola

Compreender o que uma palavra realmente significa e reconhecer a profundidade e a verdadeira essência dela pode ser muito revigorante. Ao decompor as palavras, camada por camada, desvendando seu sentido puro, original, e explorando suas raízes, irradiamos uma nova luz sobre elas e as frases, muitas das quais sempre usamos. Por exemplo, sempre ensinei que o primeiro dever de um líder é inspirar os outros. Quando você percebe que "inspirar" significa *respirar vida nos sonhos de outro*, e que o oposto, "expirar", significa *parar de respirar*, essas palavras adquirem vida. Aprendendo a usar palavras que inspiram, você permite que outros alcancem os próprios sonhos. E, de forma contrária, usando palavras que expiram, você desestimula as esperanças e as aspirações das pessoas.

Outro exemplo é "oportunidade". Acredito que indivíduos eficientes não são propensos a problemas, são propensos a oportunidades. A raiz de oportunidade é *porto*, no sentido de entrada por água para uma cidade, ou um lugar de negócios. Antigamente, quando a maré e o vento estavam bons e o porto abria, isso permitia a entrada de embarcações para fazer comércio, para visitar a cidade ou para invadir e conquistar. No entanto, somente aqueles que identificavam a abertura podiam tirar proveito do porto aberto — ou da oportunidade. Incentivo o leitor a tirar proveito da oportunidade que este livro repleto de tesouros oferece para enriquecer sua vida.

Além de palavras comumente usadas em conversas cotidianas, *A mensagem* inclui palavras únicas e profundas de outras línguas e culturas. A palavra "*Ollin*", por exemplo, é asteca, e expressa profundidade. Descreve um acontecimento forte, como um terremoto ou uma grande tempestade que faz a terra tremer. *Ollin* significa *mover* ou *agir agora com todo o seu coração*. Para experimentar *Ollin* você tem que "ir com tudo". Palavras globais como essa podem unir pessoas do mundo inteiro em uma linguagem comum.

Encontrando a felicidade

Quanto mais você entende as palavras e suas camadas, mais isso o ajuda a entender seu caminho e propósito. O grande mitólogo Joseph Campbell cunhou a frase "Siga sua felicidade". As palavras são as placas que mostram o caminho para essa felicidade. Elas, ao lado das ações que inspiram, ajudam você a se tornar um líder melhor, um cônjuge melhor, um pai melhor, um vendedor melhor, um atleta melhor. A lista é interminável. O poder das palavras gera riqueza, saúde, produtividade, disciplina, espiritualidade e outras ilimitadas qualidades humanas desejáveis.

Organização dos capítulos

Este livro é dividido em 11 capítulos baseados em princípios — 11 palavras centrais —, que você pode reler várias vezes para consolidar uma mudança de comportamento.

O formato dos capítulos reflete a história e a experiência de Kevin Hall em seu trabalho de treinamento de desenvolvimento humano nos últimos 25 anos. Os cinco primeiros capítulos tratam de desenvolvimento pessoal — como usar o poder secreto das palavras para ajudar a encontrar um caminho e propósito pessoal. O tema do Capítulo 6 é central para o livro. A palavra-chave é "humildade", uma característica poderosa que considero a "mãe de todas as virtudes", porque é fundamental para o crescimento e o aprimoramento constante. Os últimos cinco capítulos são sobre liderar outras pessoas. Compreendem a linguagem da liderança: *não se trata de você, e sim deles.*

Como em uma roda, os capítulos refletem o modo como a esfera de influência se expande a partir de um eixo interno e se torna cada vez maior, enquanto a roda continua crescendo. O capítulo final, sobre "integridade" — que significa *inteiro* ou *completo* —, preenche a roda do desenvolvimento.

Este livro esclarecedor pode ser lido facilmente de uma única vez. Você também pode selecionar um capítulo que o atrai e se aprofundar no tema de forma completa e deliberada. De um modo ou de outro, *A mensagem* revela maneiras essenciais para liberar seu verdadeiro potencial.

Qualquer que seja seu objetivo, sua busca ou sua paixão, estou certo de que *A mensagem* revelará uma força universal que iluminará o caminho para a inspiração e o crescimento. Sugiro que você mantenha um lápis ou uma caneta por perto enquanto lê e relê esta profunda obra. Tenho certeza que você fará isso.

— STEPHEN R. COVEY

Nota do autor

Enquanto eu terminava este manuscrito, uma fresca camada de neve cobriu a comunidade no alto da montanha onde moro. Saí, inspirei fundo o ar fresco e o exalei devagar. O trabalho arduamente doce dos últimos quatro anos pareceu evaporar como o vapor que saía de minha respiração. Da mesma forma que repeti para mim mesmo durante várias corridas de *mountain bike* da Leadville 100, pensei: *A dor logo é esquecida, mas a lembrança da vitória vive para sempre.*

Se este livro acrescentar valor e sentido para pelo menos uma vida, as incontáveis horas investidas nele terão valido a pena. Como conector de ideias e pessoas, duvido que alguém possa me pagar dinheiro suficiente para abandonar este trabalho e não passar adiante os segredos que descobri em minha viagem para escrever *A mensagem.*

Espero que você descubra valor nos princípios que aprendi e encontre realização e felicidade ao aplicá-los em sua vida. É meu desejo também que você aproveite a oportunidade oferecida no fim de cada capítulo — e na seção "O Livro dos Grandes", na conclusão deste livro — de homenagear pessoas que enriqueceram sua vida. O Dr. Martin E.P. Seligman, uma autoridade de renome internacional no campo da psicologia positiva e autor de best-sellers como *Aprenda a ser otimista* e *Felicidade autêntica*, ensina que podemos alcançar novos níveis de felicidade procurando aqueles que tiveram um impacto positivo em nossas vidas e dizendo isso a eles. É cientificamente provado que essas "visitas de gratidão" são a principal maneira de promover a felicidade pessoal. Prometo que, se tentar fazer isso, você vai gostar, assim como aqueles que estiver agradecendo.

À medida que sua jornada pessoal for avançando, eu gostaria muito de saber sobre essa experiência. Combinando nossas energias, ajudaremos um ao outro a permanecer em nossos caminhos, a manter nossos compromissos e a realizar nossos propósitos. Por favor, sinta-se à vontade para se corresponder comigo em kevin@powerofwords.com. Espero notícias suas.

— KEVIN HALL

CAPÍTULO UM

A Palavra Secreta

Se nenhuma outra qualidade possuo, posso ter êxito apenas com o amor. Sem ele, fracassarei, mesmo que tenha todo o conhecimento e as habilidades do mundo. Saudarei este dia com amor em meu coração.

— OG MANDINO

Era uma tarde fria de inverno quando coloquei os pés dentro da majestosa Catedral de Santo Estêvão, no centro da pitoresca Viena, na Áustria.

Vi-me imediatamente atraído por uma fotografia simples de uma jovem Madre Teresa cercada de velas e bancos. Em silêncio, refleti sobre o impacto da vida dessa pequena mulher, uma grande executora de poucas "palavras", que mudou o mundo fazendo um bem após outro e que era conhecida por sussurrar "Não fale, apenas faça" muito antes da criação do famoso slogan *"Just do it"*, da Nike.

Madre Teresa, que nunca teve filhos, tornou-se a mãe dos órfãos aderindo a um mantra de "fazer pequenas coisas com grande amor". "Fazer." "Agir." "Servir." Estas palavras se tornaram seus cartões de visita para o mundo.

Deixei aquele famoso templo inspirado pelo legado de Madre Teresa e comprometido a "fazer mais". Cercado pelas magníficas torres da catedral, aspirei a alcançar mais e reavaliar e reconhecer as oportunidades ao longo do caminho. Tive uma sensação reconfortante de que algo especial estava prestes a acontecer.

Em seguida, lembrei-me por que estava caminhando naquela direção e comecei a procurar por presentes de Natal para meus entes queridos que estavam em casa. Comecei a vasculhar os becos e as ruas, passei por muitas lojas e cafés nas calçadas em busca de algo especial. Descendo os degraus de pedra da Catedral de Santo Estêvão, parei em frente a uma loja com uma vitrine que me lembrou uma caixa de joias; no entanto, era uma loja de tecidos.

A luz refletindo nas sedas luminosas e nos linhos coloridos capturou meu olhar e meu coração. Entrei no estabelecimento com a esperança de encontrar o tecido perfeito para o vestido de casamento de minha filha, Season. Enquanto examinava o colorido de materiais vindos de todos os cantos do mundo, imaginei minha filha como uma princesa, irradiando um sorriso e uma risada contagiantes, enquanto seu Príncipe Encantado a conduzia por um novo limiar de promessas e esperança.

Estava completamente inconsciente de que o caminho que eu seguia levaria à descoberta de um dos presentes mais significativos de minha vida.

Esse presente viria embrulhado na forma de uma palavra, uma palavra com o poder de transformar a vida de uma pessoa para sempre.

Um presente inesperado

O proprietário de meia-idade da loja saltou em minha direção com a energia de alguém com a metade da idade dele. Ele estendeu a mão para me saudar. Fui completamente tomado por seus grandes olhos castanhos. Seu rosto era redondo e os dentes brancos como pérolas acentuavam a pele lisa, cor de chocolate.

Quando ele apertou minha mão, sorriu com um sutil piscar de olhos, inclinou a cabeça e falou em um inglês peculiar e preciso:

— Boa tarde. Meu nome é Pravin. Pravin Cherkoori.

A voz dele tinha a entonação suave e afável de alguém oriundo da Índia, país que ele homenageou dando o nome de sua loja.

— Sou Kevin Hall. É um prazer conhecê-lo.

Eu estava prestes a perguntar há quanto tempo ele adquirira aquele conjunto de cores e tecidos que deslumbrava meus olhos quando, para minha surpresa, ele me fez uma pergunta.

— O que é esse alfinete que o senhor está usando?

Toquei no alfinete de metal na lapela do casaco. Retirei-o e o estendi a ele, para que o olhasse mais de perto. Ele o apanhou entre o polegar e o dedo indicador e perguntou:

— O que representam essas duas mãos entrelaçadas em cada punho?

— Simbolizam nossa responsabilidade em estender a mão, animar um ao outro e tornar mais leve o fardo do próximo.

Pravin revirou o alfinete e disse:

— Parece que as duas mãos estão igualmente posicionadas para ajudar ou ser ajudadas.

— Você obviamente entende o que o artista estava tentando transmitir — falei. — Emerson chamou isso de "uma das belas compensações desta vida, porque você não pode sinceramente tentar ajudar o outro sem ajudar a si mesmo".

Os cantos da boca dele se curvaram para cima enquanto ele acrescentava:

— Frequentemente recebemos o que desejamos aos outros.

Assenti com a cabeça porque aquelas palavras soaram verdadeiras.

— Então esse alfinete... é por isso que o senhor está aqui em Viena? — interrogou Pravin.

Fiquei surpreso por ele fazer essa conexão, mas não comentei nada. Expliquei que o alfinete era uma réplica em miniatura da Estátua da Responsabilidade, que Viktor Frankl visualizou sendo construída na Costa Oeste dos Estados Unidos como um monumento complementar à Estátua da Liberdade, na Costa Leste. Eu passara a semana anterior com a família de Viktor, mostrando a eles esse modelo e discutindo planos para realizar sua visão.

Os olhos do vendedor se arregalaram diante da menção do nome do famoso psiquiatra vienense, sobrevivente do Holocausto e autor de *O homem em busca de um sentido*.

— Eu conheci Viktor. Ele era um grande e nobre homem — disse Pravin com admiração.

Nesse momento, ele estendeu o braço sob o balcão da frente e exibiu um grande livro de visitantes de couro.

— Viktor, assim como muitos outros que passaram por Viena, assinou este Livro dos Grandes.

Ele se inclinou para a frente, abriu o livro e o colocou sobre o balcão diretamente à minha frente, dizendo:

— Kevin, você também é um dos grandes. Você assinaria meu livro?

Olhei os nomes nas páginas. Ali estavam o Dr. Frankl, Madre Teresa e membros da família de Mahatma Gandhi. *Esse homem acabou de me conhecer*, pensei. Senti-me indigno de assinar aquele livro. Com certeza meu nome não merecia estar em tão distinta companhia.

Depois de uma pausa que pareceu uma eternidade, respondi:

— Agradeço a gentileza e seu gesto atencioso, mas não acho que eu seja um dos grandes. Sinto muito, mas não posso assinar o livro.

Pravin contornou o balcão e pôs a mão em meu ombro.

— Tenho uma palavra que gostaria de lhe ensinar — disse ele. — Você faria a gentileza de jantar comigo?

Sem esperar minha resposta, ele me conduziu para fora, pela porta da frente, e o ar frio foi um lembrete de que o crescimento e a descoberta muitas vezes são acompanhados de um ou dois graus de desconforto.

Seguimos o aroma doce de vegetais fritos, alho tostado e gengibre para chegar a um curioso restaurante chinês.

A decoração era comum e simples. Paredes cinza banais circundavam oito pequenas mesas de jantar retangulares, cada uma aninhada com quatro cadeiras de madeira, todas encarapitadas sobre um piso escuro de vinil. A cozinha parcialmente visível revelava um fogão de seis bocas, cheio de grandes frigideiras chinesas de ferro, panelas de aço e potes com mantimentos. Diversos utensílios de metal pendiam da coifa imaculada sobre o fogão. O balcão à esquerda tinha pilhas de travessas ovais para servir. A prateleira aberta, acima, estava cheia até a borda de embalagens de entrega vermelhas e brancas.

Chegamos no início da noite, entre o movimento intenso do almoço e do jantar, e descobrimos que tínhamos o salão todo para nós.

Um cozinheiro estava fatiando e cortando vegetais com habilidade, preparando-se para a inevitável multidão da noite, enquanto um segundo cozinheiro preparava com destreza uma refeição para viagem, segurando uma flamejante panela chinesa com a mão direita. Ele estava diante do fogão, de costas para nós, e como o regente de uma orquestra, movimentava os braços ritmicamente, como que no compasso de uma sinfonia impressionante.

Esse ambiente incomum emoldurou o extraordinário encontro que se seguiu. Ali, em um restaurante chinês no centro da Europa, uma conversa alçou voo como se estivesse nas asas de anjos, entre completos estranhos que confiavam um no outro como se fossem amigos a vida inteira.

Pravin, ávido para cuidar do negócio que faríamos ali, chamou a garçonete e rapidamente pediu alguns de seus pratos favoritos. Em seguida, moveu-se para a frente em sua cadeira e pôs os cotovelos sobre a mesa diante de mim. Olhando-me diretamente nos olhos, perguntou:

— O que você acha de mim? Tenho a pele escura. Você tem a pele clara. Sou do Oriente. Você é do Ocidente. O que nós temos em comum?

Não precisei pensar muito para responder. Palavras que minha mãe me ensinou desde que eu era criança ecoaram em minha mente. Sem hesitar, respondi:

— Acho que você é meu irmão. Fomos feitos pelo mesmo Criador. Fazemos parte da mesma família.

Meu irmão indiano relaxou, recuando na cadeira, e exclamou:

— É o que eu acho também!

Daquele momento em diante, nossa conversa assumiu uma profundidade de interesse pessoal como se tivéssemos descoberto um novo caminho e compreensão.

Pravin falou sobre sua infância.

— Cresci em Calcutá — começou ele —, entre os mais pobres dos pobres. Graças à educação e ao trabalho duro, minha família conseguiu romper as algemas da pobreza.

— Após uma pausa, ele continuou. — Minha mãe me ensinou muitas coisas boas. Uma das mais importantes foi o significado de uma antiga palavra hindi.

Aquilo me levou para a ponta da cadeira.

— No Ocidente, pode ser quer você chame isso de caridade — prosseguiu Pavin. — Mas acho que você vai ver que essa palavra tem um sentido mais profundo.

Que palavra poderia ter um sentido mais profundo do que caridade?, pensei.

Falando quase que com reverência, ele continuou como se estivesse revelando um segredo sagrado.

— A palavra é *"Genshai"* — disse ele. — Significa que você nunca deve tratar uma pessoa de modo que a faça se sentir pequena.

Apanhei minha agenda de couro e escrevi a ilustre palavra e seu significado conforme ensinado por meu amigo.

— Quando éramos crianças, ensinaram-nos a nunca olhar, tocar ou nos dirigir a uma pessoa de modo que a fizesse se sentir pequena — disse Pravin. — Se eu passasse por um mendigo na rua e lhe jogasse casualmente uma moeda, não estaria praticando *Genshai*. Mas se me ajoelhasse e o olhasse nos olhos ao dar-lhe a moeda, essa esmola se tornava amor. Depois, somente depois de demonstrar um amor fraterno puro e incondicional, eu me tornava um verdadeiro praticante de *Genshai*.

Um calafrio percorreu minha espinha enquanto eu permanecia mudo, refletindo sobre o poder daquilo que acabara de ouvir.

— Kevin, você é verdadeiramente um dos grandes — proclamou meu anfitrião. — Mas você se recusou a assinar meu Livro dos Grandes. Quando tomou essa decisão, tratou a si mesmo como pequeno. *Genshai* significa que você nunca trata ninguém como pequeno, e isso inclui você mesmo!

Ele fez uma pausa e, em seguida, implorou:

— Prometa-me isso, Kevin. Prometa que nunca mais tratará a si mesmo como pequeno. Você fará isso por mim?

Eu me senti humilhado e rendido.

— Sim, Pravin, prometo.

Uma inaudível *missão cumprida* pareceu dançar pelo rosto radiante de Pravin enquanto ele recuava, sorrindo de orelha a orelha.

Um amor de mãe

Apenas algumas horas antes, eu saíra da Catedral de Santo Estêvão com um pressentimento de que aquela noite seria memorável. Naquele momento, enquanto eu encarava meu guia com jeito de guru, senti que "memorável" parecia ser uma palavra subestimada para aquela noite.

— Pravin, você pode me contar mais sobre seu encontro com Madre Teresa, a Santa de Calcutá?

— Sim — começou ele. — Ela estava caminhando no meio de uma multidão, com seu habitual sári de algodão branco. Eu corri na direção dela gritando, e quando cheguei perto, ela estendeu a mão, colocou-a sobre minha boca e, com firmeza, me pediu: "Pare de falar e comece a fazer." Eu me lembro disso como se fosse...

— Foi Madre Teresa quem me levou até sua rua hoje à noite — interrompi, sem conseguir conter minha excitação. — Pouco tempo atrás, parei na Catedral de Santo

Estêvão e a reverenciei. Saí dali jurando querer fazer mais em minha vida. Minha segunda parada acabou sendo na sua bela loja de tecidos.

Pravin fez uma pausa, olhou atentamente em meus olhos e, com ousadia, disse:

— Nossos caminhos tinham que se cruzar. Era o destino. Você entrou em minha loja por uma razão.

Fitei os olhos de meu novo amigo e lembrei-me de minha mãe, que foi meu primeiro modelo de *Genshai*, embora eu tenha certeza de que ela nunca ouviu essa palavra e nem sabia seu significado. "Kevin", dizia ela enquanto erguia meu queixo, "você pode fazer o que quiser na vida. Pode alcançar e viver cada sonho que valha a pena. Você com certeza fará coisas ótimas e significativas em sua vida".

Enquanto eu refletia sobre minha infância, as palavras eram tão claras quanto no dia em que ela as falou para mim. Era quase como se a cadeira vazia ao lado de Pravin, em nossa mesa, estivesse agora pacificamente ocupada por meu anjo materno.

Fazia quatro anos que minha bela mãe se fora em paz em nossa casa. Durante quase um ano, ela lutou destemidamente contra um câncer, rendendo-se, por fim, com calma e serenidade.

Para minha família, para mim e para aqueles que realmente a conheciam, ela sempre será lembrada como uma mulher incrivelmente forte e corajosa.

Ela se tornou mãe solteira de dois meninos aos 19 anos de idade, atendendo às necessidades de meu irmão mais velho e às minhas, quando poderia estar no primeiro ano da faculdade.

Ela abandonou a escola durante o ensino médio, mas conseguiu obter a educação necessária e o treinamento profissional para se tornar orientadora em casos de abuso de drogas ao lado de colegas com diplomas de mestrado.

Alcoólatra recuperada, minha mãe deu a volta por cima para orientar e confortar viciados que lutavam contra os mesmos demônios que ela conhecia tão bem. Os desafios lhe ensinaram a entender os outros e ter empatia por suas lutas e decepções, e por meio disso, ela aprendeu o valor da compaixão e do incentivo — elementos fundamentais de *Genshai*.

No funeral dela, um homem alto, de aparência forte, bonitão, aproximou-se de mim com os olhos marejados e falou que minha mãe mudara e, provavelmente, salvara a vida dele. Ele relembrou a época mais sombria que já havia vivido. Chegara ao fundo do poço e não sabia se conseguiria se levantar novamente. Então, com lágrimas escorrendo por seu rosto, contou-me que minha mãe acreditara nele quando ele já não acreditava em si mesmo.

— Sem a ajuda de sua mãe — disse, chorando —, eu não estaria aqui hoje.

Sem ela, pensei, *eu também não estaria aqui*, porque ela constantemente me dizia que eu podia fazer *qualquer coisa* que quisesse alcançar — e felizmente acreditei nela. Por mais que a vida tivesse se tornado dura para ela, minha mãe sempre acreditou em um mundo muito melhor para mim.

UM VITORIOSO, NÃO UMA VÍTIMA

Quando saímos do restaurante, meus pensamentos se voltaram para outro exemplo de *Genshai*, um homem de caráter e resistência extraordinários, cujo legado me levara a Viena: o Dr. Viktor Frankl.

Apenas uma semana antes, eu deixara os confins quentes do ensolarado sul da Califórnia para viajar meio mundo com uma esperança: aprender mais sobre a vida extraordinária de Viktor e entender como tanto bem podia ter saído de tanto mal.

Iniciei o meu estudo caminhando pelas mesmas ruas por onde ele caminhara quase todos os 92 anos — exceto três — de sua vida digna e cheia de determinação.

O jovem médico passaria aqueles outros três anos bem distante da beleza e da tranquilidade de sua amada Viena, sobrevivendo aos horrores e à desumanidade dos campos de concentração nazistas como o prisioneiro número 119.104.

Para ele, aqueles três anos roubados foram pouco em comparação a tudo mais que os nazistas levariam e destruiriam: sua bela noiva grávida, o irmão, a mãe, o pai e o manuscrito que ele passara toda a vida adulta escrevendo.

Não esquecerei como me senti quando parei em frente à casa de Frankl, imaginando os nazistas chegando no silêncio escuro da noite e transformando aquele paraíso em um inferno, arrancando Viktor e seus entes queridos de suas camas cálidas para enviá-los para campos de concentração em trens de gado.

Como alguém pode optar por ser vitorioso em meio a tanto sofrimento e devastação? Como ele pôde optar pelo triunfo em vez da derrota? Será que eu seria capaz de ter essa coragem?

Como pôde Viktor, assim como Anne Frank, optar por acreditar na bondade humana depois do que havia passado?

Essas respostas estão no livro que ele escreveu em nove dias consecutivos depois que sua provação chegou ao fim, uma obra que seria reconhecida como uma das mais influentes já escritas: *O homem em busca de um sentido*.

No livro, ele escreve: "Pode-se tirar tudo de um homem, exceto uma coisa: a última das liberdades humanas — escolher uma atitude em qualquer circunstância, escolher seu próprio caminho."

Apesar das circunstâncias, ele escolheu o sentido, a responsabilidade e a contribuição. Ao escolher ser "digno de seu sofrimento", ele provou que cada um de nós tem a capacidade de se erguer e seguir o caminho da dignidade.

Despido de posses, com cada pedaço de vida familiar arrancado, tudo de valor ou importância destruído, desumanizado e tratado como se fosse o menor dos menores, obrigado a passar por dor, fome, sede, fadiga, ou seja, quase tudo que alguém consegue sofrer sem morrer: o homem que se tornara um *número* tornou-se uma *pessoa*.

Viktor, um nome muito apropriado, optou por ser um *vitorioso*, não uma *vítima*. Descobriu a humanidade no rosto vazio da desumanidade; encontrou esperança em meio ao vasto mar de desesperança. Diante da resistência avassaladora, recusou-se a tratar a si mesmo, ou aos outros, como pequeno.

Palavras iluminam o caminho

Quando Pravin e eu refazíamos nossos passos até a loja, eu lhe contei sobre minha filha e o casamento dela. Ele sugeriu que voltássemos ao estabelecimento, onde ele embrulhou três refinados tecidos de seda e renda. Depois de lhe agradecer, um silêncio embaraçoso prevaleceu quando deixávamos a loja. Nossos passos ecoando eram o único som enquanto caminhávamos pelas ruas de pedras redondas seculares.

Paramos em um cruzamento. Em uma direção ficava a casa de Pravin; na outra, meu hotel.

Prontos para seguir separadamente nossos caminhos, Pravin deu um passo à frente, retirou o lenço de seu pescoço e o pôs em torno do meu. Em seguida, enfiou-o delicadamente em meu casaco — e senti como se estivesse aquecendo meu coração.

Quando nos abraçamos na despedida, as últimas palavras de Pravin foram:

— É tudo uma jornada, Kevin. Estamos em uma jornada.

Eu me virei e com um breve aceno me afastei, refletindo sobre o que acabara de aprender. A lição que aprendi era profunda, mas simples. *Uma palavra pode mudar o mundo para melhor*. Palavras são como senhas. Elas liberam poder. Abrem portas. *Genshai*. Aquela simples palavra continha tanta profundidade quanto qualquer lição ou sermão que eu já ouvira.

Serei para sempre grato ao sábio guia que me ajudou a recordar a mensagem de minha mãe e, em um nível mais profundo, a entender o que as palavras são capazes de fazer. Prometi nunca mais tratar a mim mesmo como pequeno, viver *Genshai* e compartilhar esta e outras palavras secretas, porque, como se diz sabiamente: "Aquele que segura uma lanterna para iluminar o caminho de alguém vê mais claramente o próprio caminho."

Enquanto continuava em meu caminho, segurando o pacote para minha filha, percebi que o Livro dos Grandes

31

tinha muitas páginas a serem preenchidas, e que um dia eu voltaria ali.

Agora eu tinha a luz, e a direção que precisava seguir estava mais clara do que nunca. Eu viera a Viena para ajudar outras pessoas, mas recebera o maior presente. Olhei o pacote e sorri — dois presentes muito especiais.

Pravin estava certo. É tudo uma jornada. Estamos em uma jornada repleta de presentes.

Pensamentos sobre *Genshai* em meu diário

O modo como trato a mim mesmo reflete o modo como trato os outros.

Quando trato a mim mesmo com dignidade e respeito, isso se reflete no modo como trato os outros. Se trato a mim mesmo com desdém e desprezo, isso se reflete no modo como trato os outros.

Não vejo o mundo como ele é. Vejo o mundo como vejo a mim mesmo.

Lembre-se do que James Allen escreveu em *O homem é aquilo que ele pensa*:

> "O homem é feito e desfeito por si mesmo; no arsenal do pensamento, ele forja as armas com as quais destrói a si mesmo. Ele também molda as ferramentas com as quais constrói para si mesmo mansões celestiais de alegria, força e paz."

Eu tenho divindade dentro de mim... Eu tenho grandeza dentro de mim... Eu atraio para minha vida aquilo que acredito que sou.

"Acreditar" em inglês é "*believe*" e significa "*be love*" (seja o amor). Quando acredito em mim mesmo, amo a mim mesmo. Quando amo a mim mesmo, trato a mim mesmo com respeito. Em inglês, "respeito" é "*respect*", em que "*spect*" é *olhar* e "*re*" significa *atrás*. Respeito, então, é olhar para trás.

Escreverei a palavra secreta *Genshai* em um pedaço de papel e o colocarei no espelho do banheiro. Todos os dias, vou me olhar no espelho com amor, honra e respeito. Desse dia em diante, vou me comprometer a viver uma vida mágica, extraordinária.

A abundância é meu direito nato. Preciso pensar abundantemente. É hora de liberar o potencial interno. É hora de iniciar minha própria jornada heroica.

Quando reflito *Genshai* para mim mesmo, o mundo reflete Genshai de volta.

IDENTIFIQUE E HOMENAGEIE UM PRATICANTE DE *Genshai*

SELECIONE alguém cujo comportamento reflita melhor os princípios de *Genshai*.

ESCREVA o nome dessa pessoa no quadro abaixo.

PROCURE essa pessoa, ensine a ela o significado de "*Genshai*" e explique por que ela personifica essa palavra.

CAPÍTULO DOIS

Descobridor de Caminhos

No momento em que alguém se compromete de forma definitiva, a Providência age também. Ocorre todo tipo de coisa para ajudar alguém, o que de outro modo nunca ocorreria... incidentes imprevistos, encontros e assistência material com os quais nenhum homem poderia ter sonhado aparecem no caminho.

— WILLIAM HUTCHINSON MURRAY

Hoje é o último dia do ano.

As horas finais do ano estão se aproximando enquanto estou sentado à minha escrivaninha, no alto das Montanhas Rochosas, olhando para o Norte por uma janela panorâmica que emoldura a bela Wasatch Range, com os cumes cobertos de neve, circundando o vale abaixo como se fosse uma gigantesca ferradura.

Nessa comunidade elevada, adequadamente chamada Suncrest, nossa casa fica encarapitada em cima de um cenário alpino a 1.800 metros de altura. O sol chega ao nosso paraíso no topo da montanha com a primeira luz do dia.

Enquanto o sol abre seu olho lentamente sobre a grandeza do Lone Peak, a leste, estou lendo *O diário de um mago*, de meu amigo Paulo Coelho. O que ele escreve desencadeia uma chuva torrencial de novas percepções, confirmando a sabedoria que é ter sempre dois livros com você: o livro que você está lendo e o livro que você está escrevendo. Levando a caneta ao papel, escrevo rápida e febrilmente em meu diário de couro, mal conseguindo transmitir ao papel e conter a abundância de ideias.

Meus pensamentos são interrompidos por uma explosão de fogos de artifício jorrando pelo céu, mudando as nuvens de âmbar para um laranja queimado e, logo em seguida, para um vermelho flamejante. Enquanto as cores irrompem entre as nuvens, finos raios de luz alcançam o horizonte, como cílios gigantes, liberando a energia que sustenta a vida para o novo dia.

O começo brilhante de hoje marcará o fim do ano, porque esta noite, quando o relógio bater meia-noite, diremos adeus ao ano que passou e daremos boas-vindas ao novo ano. Amanhã, quando o sol nascer, a Terra iniciará mais uma vez a viagem de 365 dias ao redor do sol, demonstrando a conectividade de todas as coisas do universo.

As palavras de William Wordsworth, "Saia para a luz das coisas, deixe a Natureza ser seu guia", chamam por mim, e reflito sobre um dia, no verão passado, em que meu filho Konnor e eu, com vários outros pais e filhos, paramos no enorme círculo glacial na base do Lone Peak, o mais alto dos picos sobre Suncrest. A paisagem repleta de pedras oferece provas claras do motivo pelo qual essas montanhas são chamadas de Rochosas. Em toda parte há pedras: pedras empilhadas, dispostas cuidadosamente por aqueles que passaram para marcar o caminho; degraus e escadas de pedras; bancos de pedra localizados ao lado de rochas de granito do tamanho de casas. No alto disso tudo há um declive liso de pedra quase vertical, tão longo quanto um quarteirão de uma cidade, conduzindo um córrego formado pela neve que derrete acima.

Esse lugar rochoso oferece uma vista impressionante dos vales e lagos cintilantes, um local de repouso perfeito para observar o imponente espetáculo do Lone Peak. É como se a Mãe Natureza estivesse sutilmente ensinando que você não pode olhar para baixo e para cima ao mesmo tempo.

Mirando acima a fortaleza de pedra, percebo que os arranha-céus de aço e vidro de Nova York e Hong Kong não têm vantagem alguma sobre as montanhas de pedra de sessenta andares que se estendem até as nuvens.

Sobre a maior dessas torres a natureza pintou, com minerais lavados pela água, um ponto de interrogação claramente visível e tão grande que você não consegue acreditar no que seus olhos estão vendo. Repousando em uma elevação de mais de 3.300 metros, ele tem uma altura de mais de dez andares e é conhecido por alpinistas e trilheiros como a Parede do Ponto de Interrogação.

O propósito da Parede do Ponto de Interrogação parece evidente: um lembrete de que não importa o quanto subimos, cada um de nós precisa refletir e perguntar: "Como cheguei aqui? Estou no caminho correto? Como supero os obstáculos? Estou certo sobre aonde realmente quero ir? Reconheço aqueles que estão esperando para me ajudar em meu caminho?"

Deixo meu devaneio e escrevo em meu diário que perguntas como estas, e suas respostas, dominam meus pensamentos desde que iniciei minha jornada para descobrir o poder secreto das palavras.

Oportunidade encontra destino

Foi em Viena, depois de meu novo amigo e guia Pravin Cherkoori aparecer em meu caminho e me ensinar *a* palavra secreta, que, por destino, conheci outro guia que me ensinaria que *todas* as palavras têm segredos.

Ele me foi apresentado por Bill Fillmore, advogado que integrava nossa delegação e que viajara à Áustria para se encontrar com a família de Viktor Frankl. Bill disse que não podia deixar de notar que eu estava constantemente escrevendo em meu diário e imaginou o que seriam essas anotações.

— Palavras — falei. — Estou aprendendo tudo que posso sobre palavras e o poder delas.

Abri meu diário e mostrei-lhe o registro da palavra secreta que Pravin Cherkoori me ensinara.

— Por favor, conte-me mais — reagiu Bill, enquanto o rosto dele se abria em um sorriso tão largo quanto o do gato de *Alice no País das Maravilhas*.

— Estou em uma busca para descobrir os segredos das palavras e o que elas significavam quando surgiram — expliquei. — É como descascar uma cebola. Ao decompor as palavras camada por camada, ao descobrir seu significado puro, você chega a uma força que o ajudará a descobrir um propósito e a lidar melhor com a vida.

Bill então revelou o motivo para o grande sorriso em seu rosto.

— Quero que você conheça meu mentor — disse ele. — Ele sabe mais sobre palavras do que qualquer outro ser humano vivo que conheço.

O nome dele é Arthur Watkins, um professor universitário aposentado que dedicou sua vida à etimologia, o estudo das palavras. Ele fez Ph.D. em Linguística em Stanford e passou quase quarenta anos lecionando em universidades. Ele também é fluente em muitas línguas. Durante a Segunda Guerra Mundial, ajudou a decodificar transcrições do exército alemão no front italiano.

— E você sabe o que Arthur faz para se divertir? — perguntou Bill. — Ele adora ensinar aos outros a origem das palavras. É o que ele mais gosta de fazer no mundo.

Bill explicou que, no momento, Arthur vivia em uma casa de repouso.

— Ele é, incontestavelmente, o mestre das palavras! — exclamou. — Você precisa conhecê-lo.

Dias depois de voltar de Viena, telefonei para Arthur.

Enquanto esperava o telefone tocar, imaginei um homem frágil e pálido, talvez com um tubo de oxigênio a tiracolo, preso a um dispositivo intravenoso na cama, esperando para compartilhar o último pedacinho de sabedoria de sua vida.

Mas depois de apenas meio toque, essa ilusão foi destruída quando uma voz clara e confiante respondeu:

— Residência Watkins.

— Oi, aqui é Kevin Hall — falei. — Bill Fillmore me deu o seu número de telefone e disse que ia avisar que eu ligaria para o senhor.

— Eu estava aguardando sua chamada — respondeu Arthur em um tom formal, mas com entusiasmo óbvio.

— Gostaria de me encontrar com o senhor — falei, preparado para marcar um encontro.

— Estou disponível hoje à noite — disse ele prontamente.

Olhei para o meu relógio. Eram quase 8 horas da noite.

— Eu poderia chegar aí em meia hora — respondi, com alguma hesitação. Não queria invadir o horário de sono dele ou violar qualquer regra de visitação de uma casa de repouso. Mas a voz do outro lado estava tranquila.

— Está ótimo. Terei o maior prazer em recebê-lo.

Quando toquei a campainha do quarto de Arthur, ele abriu a porta vestindo uma calça cáqui e um moletom com a bandeira americana estampada na frente. Nos pés, um par de tênis All-Stars preto. O professor "todo americano" estava na moda. (Conforme eu aprenderia em outras visitas, Arthur estava sempre na moda.) Ele não era um homem jovem. Estava ligeiramente encurvado. O rosto era marcado e enrugado. As orelhas eram maiores que o normal, e cada uma delas tinha um aparelho auditivo. Quando sorriu, mostrou uma tranquilidade digna do Mestre Yoda. Tudo no semblante dele expressava sabedoria e experiência.

Apertamos as mãos e ele me conduziu para dentro do cômodo. Arthur se sentou em uma cadeira reclinável e eu, no sofá à direita dele. Aquele vinha a ser, porém, o lado do aparelho de audição defeituoso, e ele rapidamente se levantou e se sentou do outro lado. Os joelhos e cotovelos dele quase tocavam em mim, de modo que ele podia ouvir melhor o que eu estava dizendo. Imediatamente me senti confortável e surpreendentemente à vontade. Embora estivéssemos separados por algumas décadas no tocante à idade, a conexão entre nós foi imediata e, percebi, mutuamente entusiástica. Meu bom amigo Richard Paul Evans, autor de best-sellers, adora compartilhar a máxima "Quando o estudante está pronto, o professor aparece". Eu devia estar pronto, porque ele apareceu.

Logo ficou óbvio, quando olhei para o quarto de Arthur, com menos de 4 metros quadrados, que ele adorava palavras. As evidências estavam em toda parte. Na mesa de centro havia um exemplar, com dobras de marcações nas folhas, de um livro que ele orgulhosamente proclamou ser sua leitura favorita: o dicionário *Webster*. Em um lado do sofá havia um livro grosso, de capa dura, com dois volumes sobre a história da vida de Arthur. Cada volume tinha espaçamento simples entre as linhas e duas colunas. Combinados, continham 1.416 páginas e mais de 1 milhão de palavras que Arthur afirmou — à maneira prosaica do idoso que não fala como se estivesse se gabando — serem "a maior e mais completa autobiografia já escrita tanto no mundo moderno quanto no antigo". Pedi para ir ao banheiro e, fixada bem no meio do espelho, estava a frase do dia. Fiquei maravilhado: *Aqui está um homem em sua nona década de vida, no topo do jogo da linguagem, e todo dia ele está aprendendo uma nova palavra!*

Naquela noite eu descobriria que, assim como acontece em casas de repouso em todos os lugares, a sabedoria, a experiência e o conhecimento daqueles que vivem ali realmente não conhecem limites. No modesto quarto de Arthur, não pude deixar de me sentir um pouco impressionado.

— Kevin, fale-me de você — disse Arthur com um sorriso.

LÍDERES ENCONTRAM O CAMINHO

Eu lhe contei sobre minha família e meus interesses e expliquei a ele que lecionara e desenvolvera treinamento de liderança durante 25 anos. Ao longo do caminho, eu ficara fascinado com as palavras e o poder delas, e agora queria aprender tudo o que pudesse sobre os segredos das palavras e como elas poderiam nos ajudar a levar uma vida com propósito.

— Parece que você está interessado em liderança, em ajudar os outros a encontrar um caminho — disse ele. — Vamos começar nosso estudo das palavras examinando a origem da palavra "líder".

Ele explicou que líder — do inglês, *leader* — tem origem indo-europeia e deriva de duas palavras. A primeira parte — *"lea"* — significa *caminho*, e a segunda — *"der"* — significa *descobridor*.

— Um líder é um descobridor de caminhos — disse ele.

— Líderes encontram o caminho. Eles são os leitores dos sinais e das pistas. Eles veem e mostram o caminho.

Arthur fez uma pausa e continuou:

— Kevin, você consegue imaginar um grupo de pessoas saindo para caçar nos tempos antigos? — perguntou, agitando braços e mãos para um efeito dramático. — Aqueles que se tornam líderes veem as pistas que os animais deixam e param para escutar. Eles fazem uma pausa para recuperar o fôlego e se abaixam sobre as mãos e os joelhos para identificar os rastros. Eles identificam as pegadas. São aqueles que têm a melhor audição e que põem as orelhas no chão e escutam onde a caça está. São aqueles que tocam o solo e sabem dizer em que direção o animal está seguindo. Nos velhos tempos, encontrar o verdadeiro caminho do animal era vital.

— Ser um líder significa encontrar o caminho — continuou ele —, mas antes que você possa ajudar outra pessoa a encontrar seu caminho, você precisa conhecer o próprio caminho.

O que ele disse me deu uma imagem inteiramente nova, uma imagem da palavra, do que significa ser um líder. Arthur abrira meus olhos para ver as palavras em uma dimensão com a qual eu nunca havia sonhado. Se é verdade que uma imagem vale por mil palavras, é também verdade que uma palavra vale por mil imagens.

Em uma visita rápida, meu novo professor revelou que as palavras — *todas* elas — têm uma essência, e entendendo essa essência somos capazes de usá-las para iluminar nossos caminhos.

Passei mais de duas horas com Arthur naquela primeira noite. Estudamos mais de uma dúzia de palavras, mas foi como se apenas minutos tivessem passado. Quando olhei para meu relógio e vi que eram 22h30, mal pude acreditar.

Enquanto caminhava para o estacionamento, senti um frio percorrer minha espinha para cima e para baixo, uma repetição da sensação que tivera dias antes em Viena, quando conhecera Pravin. Primeiro, meu caminho me levou a um guia pronto para me ensinar uma palavra muito poderosa. Agora, a meio mundo de distância, em uma casa de repouso a menos de trinta minutos da porta de minha casa, meu caminho me levara a um professor esperando para me ensinar sobre o poder de todas as palavras.

Mais uma vez as palavras de despedida de Pravin soaram altas, claras e verdadeiras. É realmente uma jornada. Estamos todos em uma jornada. E quando seguimos nosso caminho encontramos aqueles que nos mostram o caminho. Não é apenas um conceito místico, abstrato, uma metáfora, uma figura de linguagem, uma impossibilidade matemática. Pode ser, e geralmente é, uma experiência muito real e física.

A VIDA NÃO É TREINO

Alguns anos atrás, fui monitor de um grupo de escoteiros. Estávamos acampando nas montanhas Grand Tetons, no Noroeste de Wyoming durante o verão. Éramos 18, incluindo os líderes. Na manhã em que os meninos tentariam cumprir a mais dura exigência para receber o distintivo de mérito em caminhada — a temida caminhada de pouco mais de 32 quilômetros — eu os reuni em torno da fogueira do acampamento para falar sobre a importância de estabelecer objetivos para ter uma direção e um foco na vida. Peter Vidmar, duas vezes medalhista de ouro em ginástica nas Olimpíadas e um dos maiores oradores do país, contara-me pouco tempo antes que estivera em uma conferência com um dos especialistas em comportamento humano mais respeitados do mundo, o Dr. Gerald Bell, professor da University of North Carolina, em Chapel Hill. Peter me falou sobre uma pesquisa concluída pouco tempo antes pelo Dr. Bell, na qual ele estudara a vida de 4 mil executivos aposentados. Ele falara com esses líderes empresariais — cuja média de idade era de 70 anos — na casa deles, em centros importantes e em hospitais de reabilitação. E fizera a eles apenas uma pergunta: "Se pudesse recomeçar sua vida, o que faria de diferente?"

Para aumentar a credibilidade do Dr. Bell entre os escoteiros, eu lhes contei como ele ajudara o time de basquete da Carolina do Norte a vencer o campeonato nacional quando um jogador novato chamado Michael Jordan estava no time. Antes de a temporada começar, o Dr. Bell e o técnico Dean Smith haviam ido a cada armário de jogador para pendurar um pôster do Louisiana Superdome, o local do jogo do campeonato nacional naquele ano. A ideia era que cada integrante do time visualizasse a si mesmo jogando a final naquela arena. O pôster serviu como uma imagem visual positiva de que valia a pena o comprometimento total deles. Todo dia, antes e depois do treino, os jogadores abriam os armários e ali, olhando para eles, estava um lembrete do que queriam alcançar. Era uma imagem que dizia: *Você pode fazer isso. Concentre-se nesse objetivo. Você é digno dele. Valerá a pena!* Durante toda a temporada, eles puderam ver seu objetivo. E quase podiam ouvir a torcida quando fechavam os armários. E no fim da temporada eles alcançaram o que haviam visualizado. Jogaram a final no Louisiana Superdome, Michael Jordan fez o arremesso da vitória e venceram o campeonato nacional.

Depois daquele ano excepcional, o Dr. Bell e Dean Smith coescreveram *The Carolina Way*, que se tornou best-seller da lista do *New York Times*. Dean Smith, expliquei aos escoteiros, era o treinador das habilidades físicas de Michael Jordan. Já o Dr. Gerald Bell era o treinador da mente.

Enquanto aqueles meninos com idades entre 12 e 14 anos olhavam para mim, eu falei o que aqueles executivos de 70 anos responderam quando o Dr. Bell lhes perguntou o que eles fariam diferente se pudessem voltar no tempo.

A principal resposta deles — considerada bem à frente das outras — foi esta: "Eu deveria ter assumido o controle sobre minha vida e estabelecido meus objetivos mais cedo. A vida não é treino, é a coisa real."

Compartilhei com os escoteiros as outras respostas da pesquisa: (2) "Eu teria cuidado melhor da minha saúde." (3) "Eu teria administrado meu dinheiro melhor." (4) "Eu teria passado mais tempo com minha família." (5) "Eu teria dedicado mais tempo ao desenvolvimento pessoal." (6) "Eu teria me divertido mais." (7) "Eu teria planejado melhor minha carreira." (8) "Eu teria retribuído mais."

Aqueles rostos jovens e impressionáveis em torno do fogo demonstravam níveis de atenção variados. Meu objetivo era que eles começassem a pensar no futuro e, mais imediatamente, no que podiam fazer naquele mesmo dia. Quais eram os verdadeiros objetivos deles na caminhada? Qual era o seu senso de comprometimento? Eles estavam determinados a fazer aquilo? Ficariam contentes em apenas cumprir as exigências básicas ou queriam estabelecer objetivos mais elevados?

Mais tarde, durante a caminhada, alguns escoteiros começaram a ficar para trás e eu os desafiei a ir além dos 32 quilômetros exigidos, que terminavam em String Lake, e andar mais oitocentos metros até Bearpaw Lake. Se fizessem isso e voltassem para String Lake, andariam quase 34 quilômetros. Prometi que levaria todos os que percorressem a distância extra a Jackson Hole e lhes pagaria um jantar com o melhor filé na Million Dollar Cowboy Steakhouse. Eles veriam que havia uma recompensa por andarem 1.600 metros a mais.

Convenci quatro dos 15 escoteiros. Deixamos o resto da turma para trás e começamos a nos afastar, ansiosos com a perspectiva de ir além do necessário. No entanto, alguns quilômetros depois, quando chegamos ao desvio onde era possível tomar a trilha rápida e fácil para String Lake ou perseverar ao longo da rota mais desafiadora para Bearpaw Lake, dois escoteiros mudaram de ideia. Foi interessante, porque esses eram meninos que nunca haviam tido que lidar com muitos desafios na vida. Alguns poderiam dizer que eram tão privilegiados que haviam nascido na terceira base e achavam que haviam conseguido uma rebatida tripla. Quando chegamos à encruzilhada, eles estavam contentes por terminarem a caminhada o mais rapidamente possível. Em vez de continuar até Bearpaw Lake, foram diretamente para String Lake.

Por outro lado, os dois escoteiros que permaneceram eram meninos que estavam sempre prontos para um desafio, querendo ir mais alto, arriscar, crescer e sair da zona de conforto. Entre os meninos com idades de 12 a 14 anos, era impressionante ver isso. Que tipo de vida familiar instigava esta vontade neles?

Depois de chegarmos a Bearpaw Lake e darmos meia-volta, sabendo que precisávamos apenas dos oitocentos metros finais, morro abaixo, para chegar à nossa meta de crescimento (e conseguir o jantar com filé), aos poucos olhei para a trilha abaixo e avistei um corredor em forma, em uma bela marcha. Ele usava óculos, parecia ter mais de 50 anos e, em vez do semblante de dor que vemos em muitos corredores, exibia um grande sorriso. Fiquei entusiasmado, porque raramente há alguém nos oitocentos metros a mais. Quando estava mais perto, ele gritou:

— Você é o monitor Kevin Hall?

Mentalmente, brinquei comigo mesmo: *Como os credores conseguiram me encontrarem aqui nas Grand Tetons?*

— Sim, sou eu — respondi.

— Eu acabei de passar por dois escoteiros seus e eles estão preocupados que você possa se perder e não encontrar o caminho de volta — disse ele. — Você se importa se eu for com vocês e ajudar a lhes mostrar o caminho?

Eu ri e falei:

— Obrigado. Conheço o percurso, mas adoraríamos sua companhia.

Em seguida, perguntei o que o trazia às Tetons.

— Estou de férias. Adoro esta região do país — respondeu ele.

— De onde você veio?

— Sou da Carolina do Norte.

— De que parte do estado?

— Chapel Hill.

— Por acaso você conhece o Dr. Gerald Bell?

Ele parou de repente, assim como eu, e os dois escoteiros atrás de nós praticamente bateram em nossas costas.

Ele me olhou incrédulo e disse:

— Bem... eu sou o Dr. Gerald Bell!

Eu não sei quem estava mais impressionado com esse encontro casual, mas quando nos recuperamos do espanto, começamos a caminhar de novo enquanto eu explicava ao Dr. Bell que, naquela mesma manhã, em nossa fogueira de acampamento, havíamos falado sobre o estudo dele com os 4 mil executivos aposentados.

Perguntei a ele:

— É verdade que a principal coisa que eles fariam de diferente se pudessem voltar no tempo seria traçar objetivos de vida mais cedo?

— Isso é absolutamente verdadeiro — disse ele.

Os dois escoteiros ficaram impressionados e encantados por nossos caminhos terem, literalmente, se cruzado. Eu não poderia estar mais contente por falar com qualquer pessoa no universo naquele momento do que com o Dr. Bell, que continuou a correr pela trilha conosco, oferecendo mais insights e detalhes sobre o estudo dele e enfatizando com entusiasmo a importância de assumir o controle da própria vida através de objetivos. Aqueles escoteiros aprenderam uma grande lição: quando você percorre oitocentos metros a mais, coisas incríveis acontecem.

Quando partíamos, perguntei ao Dr. Bell quais eram as chances de nos encontrarmos na trilha no mesmo dia em que eu compartilhara o estudo dele com os escoteiros. Ele disse que não podia estabelecer um número para isso, talvez uma em 1 trilhão. Ou, como um escoteiro afirmou, "Uma no infinito".

Mas aconteceu, como de fato acontece. Como Joseph Campbell ensinou tão vividamente em *O poder do mito*: "Quando você segue sua felicidade, você se põe no caminho que estava ali o tempo todo... você começa a conhecer pessoas que estão no campo de sua felicidade, e elas abrem portas para você."

Embora alguns possam optar por atribuir isso a uma coincidência, ou ao acaso, ou simplesmente à pura sorte, sei que quando aspiramos a alcançar nossos objetivos cada conexão que fazemos leva a outra, e outra, e outra.

Chaves para descobrir caminhos

Ao dedicar uma parte significativa da minha vida ao estudo do potencial e desenvolvimento humanos, passei a perceber que aqueles que seguem seu verdadeiro caminho e propósito fazem cinco coisas: (1) são capazes de ler as pistas que orientam seu caminho; (2) têm muita clareza sobre para onde estão indo; (3) reconhecem e assumem dons naturais; (4) dispõem-se a se sacrificar para dar contribuições significativas; e (5) seguem sua felicidade e, como resultado, conhecem pessoas que foram postas ali para guiá-los na jornada.

"Se eu me esforçasse como havia me esforçado", escreve Paulo Coelho na última linha de *O diário de um mago*, "talvez conseguisse um dia entender que as pessoas sempre chegam na hora exata nos lugares onde estão sendo esperadas."

Pensamentos sobre o *Descobridor de Caminhos* em meu diário

Levar dois livros é crucial para descobrir meu caminho. Como disse o grande escritor de aventuras Robert Louis Stenvenson: "Durante toda a minha infância e juventude (...) sempre mantive dois livros no bolso, um para ler, um para escrever."

Tenho um caminho único, e o livro que escrevo está no mapa desse caminho especial. É um registro da minha jornada heroica. É onde estive e para onde estou indo.

No francês antigo, "*journée*" significava uma viagem de um dia. Meu diário é um registro das pistas que descubro em meu caminho a cada dia. "Diário" significa *um dia*. Escreverei e analisarei meu diário *diariamente*.

Reservando um tempo regular para a reflexão, encontro alegria na jornada. Tirarei apenas 1% de cada dia — aproximadamente 15 minutos — e o usarei para refletir sobre as 24 horas anteriores e contemplar as possibilidades que estão à frente.

Quatro coisas que eu preciso reconhecer diariamente:
1. Pessoas que aparecem em meu caminho para me ajudar a realizar meu propósito.
2. Ações oportunas.
3. Pensamentos que me ajudam a criar uma vida com sentido e significado.
4. Momentos de alegria e felicidade.

Pessoas. Ações. Pensamentos. Felicidade.
Esse é o caminho!

Esse testemunho por escrito da minha jornada me ajuda a permanecer em meu CAMINHO e viajar na direção do meu PROPÓSITO.

IDENTIFIQUE E HOMENAGEIE UM
Descobridor de Caminhos

SELECIONE alguém que você conhece cujo comportamento reflita melhor um verdadeiro Descobridor de Caminhos.

ESCREVA o nome dessa pessoa no quadro abaixo.

PROCURE essa pessoa, ensine a ela o significado de "Descobridor de Caminhos" e explique por que ela personifica essa palavra.

CAPÍTULO TRÊS

Namastê

Não ser ninguém além de você mesmo em um mundo que está fazendo de tudo, noite e dia, para tornar você todas as outras pessoas significa lutar a mais dura batalha que qualquer ser humano pode lutar.

— E.E. CUMMINGS

Há uma trilha ao longo da costa da Califórnia em que eu adoro caminhar. O curso acompanha os contornos do litoral enquanto segue sinuoso a um pulo da praia e da pulsação do oceano Pacífico logo ali. O sol é quente, a brisa é constante, o cheiro, temperado pelo sal, é delicioso. Na areia, as pessoas se sentam em cadeiras de praia para ler ou tomar sol, ou caminham até a beira e voltam, enquanto crianças constroem castelos e surfistas pegam onda, e no horizonte navios trilham as águas rumo a terras distantes. Em um lugar que tende a atrair apenas aqueles que querem estar ali, a atmosfera é tranquila, e isso se reflete em cumprimentos simpáticos. Quando sorrio e cumprimento alguém no caminho, posso contar que receberei um sorriso e um "oi" de volta.

Muitas vezes imagino qual seria a reação que eu causaria se, em vez de dizer "Oi", ou "Olá", ou "Como vai?", eu dissesse "Namastê".

Nunca fiz isso, principalmente porque posso imaginar minha família se encolhendo de horror. Mas se existe uma palavra que tinha de ser exportada do Oriente para o Ocidente, trata-se dessa palavra secreta que se traduz como: "Eu saúdo o Divino dentro de você; eu saúdo seus dons dados por Deus."

É apropriado que um cumprimento que demonstra esse respeito tenha uma maneira única e reverencial de ser expressado. Antes de falar "Namastê" pressionam-se as palmas das mãos uma na outra, curva-se a cabeça e toca-se o coração com as mãos. Os entusiastas do yoga, que comumente expressam Namastê, reconhecerão esse gesto.

Albert Einstein aprendeu a palavra e seu significado ao ver Mahatma Gandhi em um cinejornal cumprimentando as pessoas nas ruas da Índia curvando a cabeça com suas mãos pressionadas uma contra a outra. Einstein escreveu para Gandhi e perguntou o que ele estava dizendo.

Gandhi respondeu: "Namastê. Significa que eu honro o lugar em você onde todo o universo reside. Eu honro o lugar de luz, amor, verdade, paz e sabedoria em você."

Imagine o impacto que essa única palavra podia ter no mundo se todo dia você olhasse cada pessoa que passasse diante de seus olhos e dissesse: *Eu saúdo o Divino dentro de você. Eu saúdo o que você faz melhor. Eu saúdo seus dons naturais. Eu honro sua singularidade e suas características especiais.*

Toda pessoa é um milagre que não pode ser repetido

O simbolismo de Namastê carrega uma mensagem de paz e harmonia e saúda a conectividade e a divindade de todos os seres. Namastê envia um claro sinal de que não estou armado e não represento mal algum para você — em grande parte como o aperto de mãos ocidental, que tem origem na guerra, como uma maneira clara de demonstrar que você não está carregando arma alguma.

Mas Namastê é muito mais do que um símbolo de paz. Namastê reconhece que ninguém — nem mesmo uma única alma — na família humana está eximido de receber dons que são unicamente seus. Não importa o quanto possamos nos parecer um com o outro, com base em raça, ideologia, o lugar onde vivemos, o partido político com o qual concordamos ou o modo como cortamos nossos cabelos (se é que temos cabelo), cada um de nós é realmente único. Mais de 7 bilhões de pessoas estão sobre a Terra, mas nenhum de nós tem as mesmas impressões digitais, ou pegadas, ou até a mesma risada. Cada indivíduo é autêntico. Cada pessoa é um milagre que não se repete.

OUSE SONHAR

Quando eu tinha 19 anos, um amigo me deu um exemplar de um livro clássico intitulado *I Dare You!* Foi o primeiro livro de autoaperfeiçoamento que li. *I Dare You!* foi publicado originalmente em 1931, nos espasmos da Grande Depressão, e escrito por um homem chamado William Danforth, fundador da Ralston Purina Company e cofundador da American Youth Foundation.

O livro estava em sua 26ª impressão na época em que o li. Sobrevivera à Depressão e a muito mais. Danforth desafia você a ser o seu eu mais autêntico, motivando cada um de nós — se aceitarmos o desafio — a aspirar a objetivos mais elevados.

O capítulo central, "Eu desafio você a construir caráter", relata uma história que nunca esquecerei. De acordo com o relato de Danforth:

"Há uma lenda hindu segundo a qual houve um tempo em que todos os homens sobre a Terra eram deuses, mas pecavam e ofendiam tanto o Divino que Brama, o deus de todos os deuses, decidiu que a divindade deveria ser retirada do homem e escondida em algum lugar onde ele nunca mais a encontraria para ofendê-la. 'Vamos enterrá-la no fundo da terra', disseram os outros deuses. 'Não', disse Brama, 'porque o homem cavará a terra e a encontrará.' 'Então vamos afundá-la no mais profundo oceano', disseram eles. 'Não', disse Brama, 'porque o homem aprenderá a mergulhar e a encontrará ali também.' 'Vamos escondê-la na mais alta montanha', disseram eles. 'Não', disse Brama, 'porque o homem algum dia escalará todas as montanhas da Terra e capturará de novo a divindade.' 'Então não sabemos onde escondê-la para que ele não possa achá-la', disseram os deuses inferiores. 'Eu lhes direi', falou Brama. 'Esconda-a no próprio homem. Ele nunca pensará em procurar ali.' E foi o que eles fizeram. Escondido em cada homem está um pouco do Divino. Desde então, ele tem revistado o planeta cavando, mergulhando e escalando, à procura dessa qualidade divina que está o tempo todo escondida dentro dele."

Em um livro chamado *Um retorno ao amor*, a autora de best-sellers Marianne Williamson escreve com eloquência sobre o instinto que reconhece nossos dons dados por Deus: "Nosso medo mais profundo não é de sermos inadequados. Nosso medo mais profundo é de sermos poderosos além da medida."

Em nossa essência, em nosso cerne, em nossos momentos mais serenos, quando superarmos esse medo, poderemos encontrar a grandeza que existe dentro de nós.

Tardes com Arthur

Arthur era o próprio retrato do entusiasmo quando entrei no quarto dele para nossa sessão de estudo das palavras nas tardes de quinta-feira, na casa de repouso Summerfield Manor. Eu me acostumara à sua exuberância juvenil. Os cabelos de Arthur estavam sumindo, ele se locomovia com um andador, havia muita coisa que ele não podia comer, mas seu amor pelas palavras e pela linguagem era tão intenso quanto sempre fora.

Quando estávamos discutindo o significado de Namastê, Arthur começou a bater os pés no chão, tão animado quanto um menino de 12 anos.

— Ah, Kevin, eu adoro as palavras! Eu simplesmente as adoro! — exclamou ele.

Ele amava as palavras quase tanto quanto amava a mulher, Ruth, que morrera em 2000. Ele adorava relembrá-la. Fotos dela — uma mulher bonita de cabelos castanhos — estavam espalhadas por todo o quarto.

Ele me contou sobre a lua de mel deles, em 1941, e falou sobre como se divertiram passeando por parques dos Estados Unidos, embora tenha confessado que houve um momento constrangedor, quando a mulher o surpreendeu no armário agarrado a um dicionário de hebraico.

Ele estava decorando o alfabeto hebraico.

— Você estava decorando o alfabeto hebraico na lua de mel? — perguntei, fingindo não acreditar. Mas eu sabia agora que, se Arthur dizia aquilo, ele não estava exagerando.

— Sim — disse ele, ainda reagindo como um menino encabulado 66 anos depois. Ele havia traído a mulher com um livro sobre uma língua antiga. E amava ambos.

Para Arthur, as palavras inspiravam emoção. Ele adorou me contar sobre a primeira vez que ouviu alguém falando alemão e como isso o levou às lágrimas, enquanto ouvia os sons poéticos e a simplicidade graciosa da língua. Disse que não conseguiu comer nem dormir enquanto não começou a aprender aquele belo idioma.

Quando estávamos discutindo o significado de Namastê, Arthur observou:

— Isso soa como se tivesse a mesma origem da palavra "entusiasmo". De origem grega, "entusiasmo" significa *Deus dentro* ou *dons de Deus dentro*. Entusiasmo é o combustível da felicidade e da alegria. Refere-se à luz divina que brilha dentro de cada um de nós.

Enquanto o mestre das palavras falava, olhei no quarto dele as provas de seus dons únicos — uma pilha de anotações de palestras, um dicionário com dobras de marcação, diversos livros sobre etimologia e a origem das palavras — e como ele os usava para abastecer uma vida inteira de alegria.

Agora que estava aquecido, Arthur começou a ramificar uma família inteira de palavras relacionadas a Namastê.

Ele apresentou a palavra "autêntico" e explicou que ela provém de duas palavras. Uma delas é "*auto*", que significa *si mesmo*, e a outra é "*hentes*", que significa *ser*.

— Autêntico — sorriu ele enquanto mexia as mãos para fazer efeito — significa *ser você mesmo*.

Namastê saúda a autenticidade. A sociedade, muitas vezes, não.

Ele também falou sobre a palavra "gênio" e explicou que esta provém do romano "*genuinus*", que significa *aquilo com o qual você nasceu*. Gênio não é nada mais nada menos do que ser "genuíno".

As pessoas que seguem sua natureza desenvolvem seu gênio, levando-o cada vez mais adiante, a cada novo desafio, e nunca se satisfazendo com a zona de conforto atual.

A discussão se voltou para a palavra "caráter", cujo sentido, explicou Arthur, mudou significativamente ao longo dos anos. Originalmente, significava algo que estava gravado — em madeira, em metal, em pedra, na alma de alguém. Caráter é quem você é; é você na totalidade — a combinação de tudo que vem a ser você, todas as experiências, sejam boas ou ruins.

Na época de Shakespeare, caráter adquiriu um sentido diferente — quase o oposto. Tornou-se a palavra que descrevia o papel que um ator desempenhava (em inglês, *character* significa personagem). Os *characters* representavam papéis, usando máscaras para esconder a verdadeira identidade. Em vez de definir quem você era, o *character* definia quem você não era.

A palavra pode esconder, e esconde, nossa identidade se não tomarmos cuidado. A submissão, a categorização, o foco nos defeitos e não na grandeza, conspiram para disfarçar nossos dons dados por Deus, nosso Namastê, e para nos desviar e nos afastar de nosso verdadeiro caminho e propósito. Em vez de "Sejais verdadeiros a vós mesmos", nós nos tornamos um personagem desempenhando um papel determinado por outros. De maneira fútil, tentamos ser todas as coisas para todas as pessoas e não satisfazemos a ninguém.

Fiz uma pergunta a Arthur:

— Se devemos saudar os dons dentro de nós mesmos e dos outros, como reconhecemos quais são esses dons?

Arthur me ensinou o significado de "reconhecer", e para mim foi como aprender isso pela primeira vez.

"Re" é "de novo", e "conhecer" deriva de "*cognizant*", que significa "saber". Reconhecer significa "saber novamente".

Reconhecer seus dons naturais é como encontrar um velho amigo. A sensação é de chegar em casa. E você *está* chegando em casa; está chegando em casa para seu eu autêntico, genuíno. O sentimento é de felicidade, um sentimento natural e inconfundível.

Você saberá porque ele fluirá.

Utilizando seus dons naturais, seu amor pelas palavras, Arthur conseguiu unir perfeitamente sua vocação à sua ocupação. Como acontece frequentemente com aqueles que honram seu Namastê, sua brincadeira se tornou seu trabalho e seu trabalho se tornou sua brincadeira.

UM TALENTO DESPERDIÇADO É UM PECADO

Eu tinha um ingresso para a temporada dos jogos do Utah Jazz no ano em que o time se classificou para jogar com o Chicago Bulls no campeonato da NBA. Eu e minha mulher, Sherry, tivemos a sorte de estar em Houston para o jogo do campeonato da Western Conference em que o Jazz, pela primeira vez, estava na final da NBA, quando John Stockton fez "o arremesso" sobre Charles Barkley. Na manhã seguinte, tomamos um avião de volta. Havíamos acabado de pôr os pés em casa e estávamos abraçando as crianças quando minha filha me deu o telefone. Disse que era alguém de Chicago procurando por mim.

A voz do outro lado da linha disse:

— Oi, aqui é Gene Siskel.

Bem, eu não associei o nome à pessoa e perguntei:

— Desculpe, você pode repetir seu nome? — E a voz do telefone se elevou um pouco quando ele respondeu:

— Você sabe, Gene Siskel, de *Siskel and Ebert and the Movies*.

Por fim, fiz a conexão de que estava falando com o crítico de cinema do *Chicago Tribune* — o homem que inventou os "dois polegares para cima".

Ele explicou que estava telefonando porque soubera que eu tinha ingressos na arena do Jazz diretamente atrás do banco do time visitante, um banco que seria ocupado durante a série de jogos por seu time de basquete favorito no mundo inteiro, o Chicago Bulls. Ele queria negociar dois ingressos na primeira fila do United Center, em Chicago, por meus quatro ingressos no Delta Center, em Utah. Nós rimos e brincamos quando expliquei a matemática de que quatro não era exatamente igual a dois. Mas, por fim, acabamos fazendo um negócio que deixou ambos felizes e iniciamos uma amizade que durou até Gene ser tristemente tirado de nós por um tumor cerebral maligno.

Quando voamos para Chicago para assistir aos jogos, Gene e a mulher, Marlene, levaram a mim e a Sherry ao Gibson's, "a melhor churrascaria da cidade". Enquanto eu e Gene falávamos sobre as voltas que a vida dá, logo descobrimos que tínhamos muito em comum. Embora nossos gostos em termos de time de basquete fossem opostos, nossas visões sobre a vida eram surpreendentemente semelhantes.

Não muito tempo depois de começarmos a conversar, Gene fez uma afirmação que eu nunca tinha ouvido antes, e que nunca mais esqueci.

— Kevin — disse ele —, um talento desperdiçado é um pecado. Todos nós temos certos talentos que nos foram dados. Não estou dizendo apenas que não desenvolver esse talento é não usar um potencial, estou dizendo que é um pecado.

Quando ele me contou sobre sua infância, comecei a perceber por que falava com tanta veemência sobre esse assunto. Ele explicou que perdeu a mãe e o pai quando era pequeno e foi criado — juntamente com a irmã e o irmão — por uns tios que os tratavam como se eles fossem seus filhos. Esse tio especial lhe ensinou que os talentos são dados a cada um de nós por uma razão, e que era nossa responsabilidade desenvolver esse talento, expandi-lo e fazer algo de útil com ele.

— Percebi ainda bem pequeno que eu era muito visual e auditivo, e que adorava cinema — disse Gene. — Aquilo era a minha paixão, era o que me atraía naturalmente, e eu sempre queria compartilhar com os outros esse amor pelo cinema. Quem diria que eu poderia ganhar a vida com isso? Mas foi o que fiz, é o que faço e, até onde eu sei, nunca trabalhei um dia em minha vida.

Gene descreveu Namastê no nível elementar: antes de poder saudar a grandeza que existe dentro dos outros, precisamos saudar a grandeza que existe dentro de nós mesmos.

IDENTIFICANDO NOSSOS DONS ÚNICOS

Quando eu estava começando no campo do desenvolvimento humano na Franklin, liderando a equipe de vendas, Denis Waitley, autor de *Psicologia do sucesso*, recomendou que eu passasse dois dias na Johnson O'Connor Research Foundation, também conhecida nos primeiros anos como

Human Research Laboratory. Ali eles poderiam me testar para determinar meus dons naturais. Conforme ele explicou: "Eles fazem uma série de testes com você, alguns físicos, outros mentais. Quando acaba, eles avaliam aquilo para o qual você tem uma afinidade natural e aquilo para o qual não tem." Aceitei o conselho de Denis e acabei fazendo meu teste ao lado de uma freira. Ela devia estar querendo ser a melhor pessoa possível, melhor do que todos.

O teste é uma avaliação completa dos dons naturais de uma pessoa. Em algumas áreas, não tive uma classificação muito boa. Por exemplo, há uma categoria chamada "destreza para pinçar", que testa como você trabalha com seus dedos e suas mãos. Eu me saí muito mal. Se eu fizesse uma cirurgia cerebral em você, caro leitor, você, com certeza, morreria. A freira arrasou comigo em destreza para pinçar. Os resultados do teste também sugeriram que eu não deveria me tornar um engenheiro civil.

Mas a ênfase, em vez de negativa, é positiva. A ideia não é expor as fraquezas; é identificar os potenciais. Depois de eliminar qualquer esperança que eu pudesse ter de ser um neurocirurgião ou de construir pontes e projetar grandes edifícios, os responsáveis pelo teste me perguntaram:

— Você sabe onde está acima da média? Sabe em que área é naturalmente bom? Sabe onde está colocado nos 5% melhores entre centenas de milhares que testamos ao longo dos anos?

Eu prestei atenção.

— Você tem um profundo potencial para *ideaphoria* — disseram-me. — Esse é o seu maior dom.

Para ser franco, eu nunca ouvira o termo. O teste que identificara esse potencial era simples. Eles colocaram uma única palavra à minha frente e me deram uma folha de papel em branco. Em seguida, pediram para eu escrever todos os meus pensamentos sobre aquela palavra enquanto controlavam meu tempo. Quando o tempo acabou, eu preenchera os dois lados da folha de papel e ficara sem espaço, mas achei que não havia terminado. Uma palavra foi tudo o que precisei para pôr minha mente em disparada.

Ideias! Este era o meu dom. Eu podia ser bom nisso!

Para ser fiel a mim mesmo, para realmente brilhar, eu preciso criar, explorar, escrever e procurar constantemente o que está além do limite. "Você foi feito para criar e comercializar", aconselhou-me meu analista da Johnson O'Connor, "mas não em uma atmosfera onde tenha que se submeter às estratégias ou aos planos de outra pessoa. Você precisa encontrar um modo de ser livre para explorar suas inovações e ideias criativas. Precisa fazer isso para seguir seu caminho e manifestar seus dons e talentos." E se eu não fizesse isso, seria culpado do que meu amigo Gene Siskel considerava um pecado.

O que aprendi na Johnson O'Connor não foi realmente uma surpresa. No fundo, eu sabia quais eram meus dons — e soubera intuitivamente durante a minha vida inteira. Os responsáveis pelo teste confirmaram algo que eu já sabia. Às vezes, tenho uma enxurrada de ideias que chegam tão rapidamente e com tanta força que não ouso comer, tomar banho ou mesmo ir ao banheiro durante horas. Por isso levo meu diário onde vou, para que possa escrevê-las imediatamente. Como aprendi em *Pense e enriqueça*, de Napoleon Hill: "A melhor hora para cultivar uma ideia é a hora em que ela nasce. Cada minuto que ela vive lhe dá uma chance melhor de sobrevivência." Quando as ideias vêm, você pode usá-las ou perdê-las; pode colocá-las no papel ou se arriscar a deixá-las ir para sempre.

Desde então, identifiquei minha declaração pessoal de propósito, que é conectar palavras, ideias e pessoas. Minha paixão está ajudando outros a se conectar com seus caminhos e a realizar seus sonhos. Quando estou conectando duas pessoas, sinto como se estivesse preenchendo os dois lados daquela folha de papel. Vejo inúmeras maneiras pelas quais duas pessoas podem contribuir para as necessidades e sucessos uma da outra.

O QUE VOCÊ SABE COM CERTEZA?

Gene Siskel tinha uma frase que era sua marca registrada. Ele dizia: "O que você sabe com certeza?" Na verdade, era tanto um lembrete quanto uma pergunta: será que estamos focando o que amamos, o que vem naturalmente, o que fazemos melhor? Esse pensamento — *O que você sabe com certeza?* — pode ser encontrado na última página de cada edição da revista *O*, de Oprah Winfrey. Oprah atribui a Gene a autoria dessa frase perspicaz e, ao imprimi-la no fim de cada revista, reforça a importância dessa questão simples, mas profunda.

A meu ver, "O que você sabe com certeza?" é a essência da avaliação de dons naturais da Johnson O'Connor. A avaliação foi inestimável para mim, despertando-me para focar no que faço melhor. Reconhecer isso é fundamental. Se não reconhecemos nossos dons, não podemos usá-los. Como você pode apreciar um dom que não usa?

As pessoas que estão no alto da curva de aprendizagem — aquelas que excedem em seu campo, o *crème de la crème*, aquelas que tendem a brilhar um pouco mais —

focam em uma única coisa: seus dons. Com frequência, elas comentam que fariam o que fazem de graça.

A BMW é um estimado cliente meu, e me pediu para criar uma linguagem de venda *versus* uma linguagem que rejeita. Essa missão me levou à consultora de clientes n° 1 da BMW na América do Norte, Neda Shahrokhi. Neda vende aproximadamente novecentas BMWs novinhas em folha a cada ano. É isso mesmo que você leu. São três por dia, praticamente todos os dias do ano. E ela faz isso constantemente, ano a ano, esteja a economia boa ou ruim. O segredo desse sucesso extraordinário, segundo as palavras dela, é: "Não tenho uma técnica de venda única. E não manipulo ninguém para comprar um carro. Eu não sou aquela pessoa que fecha o negócio. Mas sou ótima para criar relacionamentos. Para mim, vender um carro não é fechar um negócio. Fechar negócio é uma transação de curto prazo. Eu tenho o dom de criar relações significativas de longo prazo. Vender um carro é simplesmente fornecer um serviço a meus amigos. Eu faria o que faço de graça."

Isso com frequência é o que acontece com aqueles que honram seu Namastê. Quando você sente que faria algo de graça, *é aí* que está o seu verdadeiro caminho. É aí que você sabe que está se conectando com o que vem naturalmente de você.

Alice Elliot, considerada uma das pessoas mais influentes na indústria de hospitalidade, contou-me recentemente que costumava fazer cartões de visita para si mesma quando era criança. Ela disse: "Eu sempre soube que trabalharia em negócios. Eu costumava sentar na minha cama e desenhar meu nome e meu título em pedacinhos de papel:

Alice Elliot — Presidente e CEO. Eu dava esses cartões a todos os meus amigos."

Hoje, Alice é presidente e CEO do Elliot Group, uma empresa de seleção de profissionais executivos altamente respeitada, e entrega cartões a CEOs e executivos de sua indústria.

SIGA SUA NATUREZA

Diz-se que a natureza trabalha, mas a natureza não trabalha. As provas estão à nossa volta. Tudo na Mãe Natureza é harmonia e fluxo. Ela não combate os elementos, ela os abraça. Os rios não tentam correr morro acima. As plantas não tentam crescer no Ártico. Os animais se desenvolvem em seu estado natural.

Outro dia um belo gavião-de-cauda-vermelha — uma perfeita máquina voadora da natureza — voou em frente à minha janela, planando no ar como uma pipa. Ele batia as asas apenas de vez em quando para planar pelo que pareceu ser uma eternidade. Parecia não fazer esforço algum. O gavião estava livre, livre para ser ele mesmo. Estava fazendo aquilo para o qual fora feito, fazendo o que faz melhor.

Em meus seminários de treinamento frequentemente pergunto aos participantes que tipo de poder eles mais querem. A resposta número 1 deles, sem exceção, é voar. Eles querem ser livres.

Se você quer realmente voar em sua vida, se quer subir mais alto do que jamais pensou que fosse humanamente possível, então sinta-se livre para *ser você mesmo*. Sinta-se livre para seguir sua natureza.

Todos nós já ouvimos as expressões "Você é nato nisso", "Isso está em sua natureza", "Essa é sua segunda natureza" e "Você nasceu para fazer isso". "Natureza" vem do latim *"natura"*, que significa *nascer* ou *dar à luz*. Natureza são os dons com os quais você nasce; é o seu gênio, o "gênio dentro de nós". E esse gênio lhe dará todos os desejos e sonhos que valem a pena.

Faça o que você nasceu para fazer

O maior erro que as pessoas cometem é não ganhar a vida fazendo o que mais amam fazer. O maior desejo dos pais não é que seus filhos descubram o potencial que existe dentro deles? Não me preocupo tanto com as notas de meus filhos, com as escolas que eles frequentam ou com as carreiras ou negócios que eles iniciarão. Não me importa o quanto vão ganhar, contanto que seja o suficiente para saírem de casa. O que mais quero para meus filhos, e o que acredito que a maioria dos pais quer para a posteridade deles, é que descubram e reconheçam seu Namastê e o vivam diariamente. Se fizerem isso, todo o resto da vida — as notas, o emprego, a carreira, o dinheiro — virá por si só.

Eu me lembro de quando minha filha Season me telefonou da faculdade. Ela estava estudando para ser professora. Quando atendi ao telefone, pude perceber a confusão em sua voz. Minha filha falou:

— Pai, quando fui finalizar minhas aulas, não me senti bem. Eu sempre quis ser professora. Você e mamãe sempre disseram que eu seria uma boa professora. Vocês me incentivaram a ser professora. Mas sabe o que eu realmente quero fazer? Quero desenhar roupas. Você sabe que sempre faço cintos e bolsas, e quando eu os uso no trabalho, as pessoas me perguntam onde os comprei. Digo que eu mesmo os fiz e acabo vendendo minhas criações para elas. É isso que quero fazer.

E eu falei:

— Bem, Season, por que você não faz o que quer fazer?

Naquele momento, ela estava infeliz de muitas maneiras. Não estava no caminho dela. Precisava começar a fazer aquilo que estava chamando por ela. Depois disso, minha filha se tornou uma designer de moda bem-sucedida. Tem a própria linha de roupas para crianças, chamada Little Season. Tem um estilo todo próprio. Não está tentando ser a próxima Donna Karan ou a próxima Nicole Miller. Ela é a próxima Season Hall Everton.

Em *O poder do mito*, Joseph Campbell escreve: "A maneira de descobrir sobre a felicidade é manter sua mente naqueles momentos em que você se sente mais feliz, quando você está realmente feliz — não animado, não apenas excitado, mas profundamente feliz. O que faz você feliz? Fique com isso. Não importa o que as pessoas lhe digam. É isso que chamo de seguir sua felicidade."

SEU CAMINHO ÚNICO

Quando você maximiza seus talentos, você está no caminho, no propósito, na meta. Quando não faz isso, está fora do caminho, fora do propósito, fora da meta.

Você já disse para si mesmo que estava estressado e sobrecarregado a ponto de ter um colapso? Todos nós nos sentimos assim de vez em quando, em pequenos momentos da vida. Mas se você está se sentindo assim regularmente, desde a hora em que acorda até a hora em que vai dormir, então, claramente, não está em seu caminho, e muito provavelmente não está fazendo o que foi designado para fazer. Essas três palavras — "estresse", "sobrecarregado", "colapso" — não foram feitas originalmente para descrever seres humanos. Foram feitas para descrever máquinas. Surgiram durante a Era Industrial. Quando a linha de montagem da fábrica estava estressada ou sobrecarregada, acabava tendo um colapso.

Em um de seus raros textos, o sábio sufi Hafiz ensina: "Como não há fórmulas para alcançar a verdade do caminho, cada um de nós precisa correr o risco de seus próprios passos. Somente o ignorante busca imitar o comportamento de outros. Os homens inteligentes não desperdiçam tempo com isso, eles desenvolvem habilidades pessoais, sabem que não existe nenhuma folha igual à outra em uma floresta com 100 mil árvores. Duas viagens na mesma estrada não são iguais."

Enquanto você fizer sua jornada, lembre-se de que as pegadas que deixa em seu caminho são tão únicas quanto o caminho por onde você está passando.

SELECIONANDO SUA PALAVRA

A primeira coisa que faço quando estou treinando alguém que quer expandir, crescer e ir mais alto é fazer com que essa pessoa selecione uma palavra que a descreva. Depois que faz isso, é como se ela tivesse virado uma página de um livro e focalizado em uma palavra. Em vez de ver trezentas palavras diferentes na página, sua atenção — e sua intenção — é focada imediatamente nessa única palavra, nesse único dom. Aquilo em que o indivíduo foca, se expande.

Você pode fazer isso sozinho ou perguntar a seus amigos e familiares — as pessoas que o conhecem melhor — qual a palavra que eles usariam para descrevê-lo. A palavra pode ser "artista", "escritor", "comunicador", "diretor" ou "professor". Pode ser "pacificador", "perfeccionista" ou "músico". Talvez seja "organizador", "gerente", "conector" ou "líder". Não há restrição alguma, exceto que precisa ser apenas uma palavra, e a decisão final cabe a você.

Quando você chegar à sua palavra, escreva-a no espelho de seu banheiro, em seu espelho retrovisor, na sua mesa, no seu computador, na sua geladeira, ao lado das chaves do seu carro, em qualquer lugar onde você tenha certeza de que a verá diariamente. Este é seu cumprimento de Namastê — uma saudação de seu coração aos dons especiais dentro de você mesmo.

Você pode imaginar que tipo de vida mágica, que tipo de mundo extraordinário você viveria se saudasse a si mesmo todos os dias dessa maneira mágica e respeitosa? Você mudará o seu mundo. Olhe no espelho novamente, olhe sua palavra, reflita sobre seus dons e lembre-se do sábio conselho de Mahatma Gandhi: "Você precisa ser a mudança que deseja ver no mundo."

Você mudará o mundo.

Namastê.

PENSAMENTOS SOBRE NAMASTÊ
EM MEU DIÁRIO

Eu nasci com dons e talentos que não podem ser copiados ou imitados. Eu honro Aquele que me deu esses dons abrindo-os e dando-os livremente.

Talentos e dons não diminuem quando são compartilhados; eles se expandem e aumentam como as ondulações formadas por uma pedra jogada em água parada.

Aleksandr Solzhenitysn, o ganhador do Nobel, ensinou que "o talento é sempre consciente de sua abundância e não se opõe a compartilhar".

Utilizar meus dons naturais é o primeiro e mais importante passo para viver uma vida de abundância e realização.

A "abundância" surgiu da ondulação e da generosidade do mar. Cada onda carrega a antecipação de outra sucessão de ondas, atestando o fato de que a natureza dá tudo e nada perde.

A "realização" também vem da água. Um vaso não pode transbordar até que esteja cheio.

Descobrir a interseção entre o que eu sinto no coração e o que o mundo precisa me ajuda a descobrir minha missão e meu propósito na vida.

Eu permaneço no caminho e no propósito registrando em meu diário esses momentos em que o contentamento mais profundo do meu coração está chamando por mim, quando estou experimentando alegria e paz interior, quando estou transbordando de realização e abundância.

Reconhecer esse sentimento puro de felicidade me permite dar livremente meus dons e saudar o Divino dentro de mim.

Eu me comprometo a parar de fazer aquilo no qual sou bom e começar a fazer aquilo no qual sou ótimo. Isso é Namastê em essência.

IDENTIFIQUE E HOMENAGEIE UM PRATICANTE DE *Namastê*

SELECIONE alguém que você conheça que honre seus dons únicos.

ESCREVA o nome dessa pessoa no quadro abaixo.

PROCURE essa pessoa, ensine a ela o significado de "Namastê" e explique por que ela personifica essa palavra.

CAPÍTULO QUATRO

Paixão

Este é o cerne do espírito humano... Se conseguimos encontrar algo para o qual viver — se conseguimos encontrar algum sentido para pôr no centro de nossas vidas —, até mesmo o pior tipo de sofrimento se torna suportável.

— VIKTOR FRANKL

Na fria noite do deserto, Chad Hymas checou mais uma vez sua bicicleta de mão adaptada para deficientes físicos a fim de se assegurar de que estava tudo bem com o objeto. Nos próximos 11 dias e noites, ele estaria dirigindo aquele veículo na tentativa de estabelecer um recorde mundial de distância percorrida em bicicleta por um paraplégico.

Ajudado pela luz dos faróis do veículo de apoio, ele olhou para mim em minha bicicleta com uma expressão de nervosismo e ansiedade. Compreensivelmente, estava ansioso com a rodovia escura à frente, mas pronto para partir. Eu estava ali para pedalar com ele e lhe proporcionar apoio moral durante o primeiro trecho da viagem.

Sabendo que o clima estaria gelado e que Chad não podia se arriscar a pegar um resfriado, levei roupas quentes para cobri-lo da cabeça aos pés. Insisti para que se isolasse com uma capa protetora. Ele se embrulhou como uma múmia e saiu pela estrada todo arrumado com roupa completa de ciclista de inverno: proteção termal nos sapatos, aquecedores nos pés e nos braços, casaco impermeável, luvas, gorro e óculos Oakley com lentes claras.

Sorri ao pensar no espanto das pessoas que passariam por nós quando elas olhassem para o lado e vissem dois adultos em uma estrada de uma área desolada, caçando suas sombras à meia-noite com refletores piscando em suas traseiras; um deles, em particular, perseguindo um sonho de adulto vestido como uma criança no inverno e dirigindo o que parecia ser um triciclo, no meio de julho.

Incapaz de regular a temperatura de seu corpo, Chad optou por julho para perseguir seu objetivo, que muitos diziam ser impossível. Ele viajaria pelo deserto durante o dia, refrescando-se com toalhas frias quando ficasse quente, e viajaria à noite acrescentando camadas de roupas quando a temperatura caísse. Seu objetivo: dirigir dia e noite, parando apenas quando necessário para descansar e dormir, até chegar a Las Vegas — a 825 quilômetros de distância.

Dois anos antes, ele perdera as funções das pernas e da maior parte do tronco em um acidente que durou uma fração de segundo, quando ele transportava feno no rancho de sua família. Em um momento ele estava erguendo um fardo de uma tonelada com o trator e, no momento seguinte, o enorme fardo moveu-se para trás, soltando-se do garfo, catapultando em cima do pescoço dele e apertando-o contra o volante do veículo. Ele foi levado às pressas ao hospital, onde médicos habilidosos salvaram sua vida, mas não sua mobilidade. Exceto pelo uso limitado de seus antebraços, ele estava imobilizado do pescoço para baixo.

A vida de Chad e seus planos foram para sempre alterados. Porém, embora o corpo estivesse paralisado, sua capacidade de sonhar não estava.

Depois da permanência no hospital e de um breve período "por que eu?" que se seguiu, Chad acordou para a realidade de que a vida continuaria. Sua esposa, Shondell, e os dois filhos o amavam e precisavam dele. Aos olhos deles, o papel de Chad não diminuíra. Se já não podia trabalhar fisicamente no rancho da família, ele decidiu que precisava encontrar uma nova realização e adaptou os sonhos ao seu corpo radicalmente alterado.

Foi nessa conjuntura que nossos caminhos se cruzaram. Um amigo de um amigo lhe disse que eu tinha alguma experiência em oratória e marcou um encontro com Chad em minha casa. O rapaz me falou que poderia ter uma história e que, como podia se comunicar tão bem quanto se comunicara, brincou, estava pensando na oratória como uma maneira de sustentar a família.

A ideia de uma épica maratona em uma bicicleta adaptada evoluiu a partir daí.

Se iria transmitir uma mensagem que incentivasse e inspirasse outros a seguir seus sonhos, não importando o que a vida lhes trouxesse, queria ter algo tangível, algum tipo de prova física que lhe desse a credibilidade de que fazia o que fosse preciso para vencer a adversidade.

Quanto mais impressionante, exigente e memorável, melhor seria, imaginou. Ele estava confiante de que percorrer 825 quilômetros em uma bicicleta de três rodas ("Nunca chame isso de triciclo", repreendia Chad) movida por mãos e braços com capacidade limitada, de Salt Lake City a Las Vegas, no calor sufocante do verão, qualificaria-o para essas três considerações.

Ele tinha o desejo, o incentivo e o apoio. Agora, enquanto viajava na noite fria, descobriria se tinha o que realmente era preciso. Descobriria se tinha a paixão.

Pagando o preço

Ele não descobriria a profundidade de sua paixão na linha de partida. Raramente isso acontece. Quando iniciamos uma busca, por mais intimidante ou desafiadora que seja, existe algo mais fácil do que o começo?

Quando Chad se afastou da partida naquela manhã ensolarada de julho, tudo foi muito fácil. A escolta policial lhe permitiu avançar os sinais vermelhos. Dezenas de amigos e familiares se perfilaram nas ruas, aplaudindo e lançando palavras de incentivo. Os dois filhos, Christian e Kyler, seguiram ao lado dele em bicicletas, com sorrisos radiantes. Pessoas totalmente estranhas aplaudiram quando ele passou, desejando o melhor para ele. A mídia estava lá, com câmeras de televisão. Chad era a celebridade do dia. Estaria em todos os noticiários naquela noite.

Só mais tarde, quando as luzes de TV e a escolta policial tivessem indo embora, quando não houvesse ninguém na calçada para aplaudir e incentivar, quando a estrada começasse a subir, quando os braços doessem, quando ele estivesse cansado e faminto, é que ficaria difícil.

Pedalei com Chad durante três dias. Nossa relação se transformara em amizade, e eu estava exigindo muito dele para que meu amigo alcançasse o audacioso objetivo que estabelecera para si mesmo.

O preço daquele sonho tornou-se claro em um dia particularmente difícil, quando ele enfrentou uma exigente subida de quase 13 quilômetros, morro acima. O calor era opressivo, irradiando em ondas vindas do asfalto bem acima dos quase 38 graus no nível da estrada. O corpo de Chad estava posicionado a apenas 10 centímetros do chão. A cada giro de sua manivela eu me compadecia da difícil tarefa à frente. Ele lutava mais e mais para vencer cada quilômetro excruciante. O vento estava no rosto dele, a solidão aumentava a cada curva e os quilômetros pelos quais ele havia passado tão rapidamente no primeiro dia agora se arrastavam de maneira agonizante.

Para piorar as coisas, uma horda de grilos resolveu usar a mesma rodovia em que estávamos viajando. Em segundos, milhares daquelas criaturas saltitantes cobriram o asfalto. Montado em minha bicicleta, eu podia vê-los pulando aos meus pés. No entanto, para Chad, que abraçava a estrada, foi muito pior, porque o enxame estava em cima e embaixo das pernas dele e dentro e fora do assento e das roupas. A visão e o som nauseantes desses invasores saltando e cricrilando se intensificavam enquanto nossas rodas não podiam deixar de esmagar as massas que se punham em nosso caminho. O mau cheiro repulsivo dos invertebrados embrulhou nossos estômagos, assim como as cenas decorrentes de grilos devorando as carcaças de seus mortos.

No meio desse acontecimento horrível, lembrei-me dos desejos iniciais de Chad para a maratona de bicicleta: *impressionante... exigente... memorável. Já é o suficiente*, pensei. *Missão cumprida.*

Justamente quando parecia ser o momento de se recuperar e sair daquela loucura, dois carros se aproximaram e pararam. Como que para dar uma pista, duas portas se abriram inteiramente e delas saíram dois homens sobre bicicletas de mão: um deles com as duas pernas amputadas; o outro, um paraplégico de braços e ombros fortes. Eles haviam visto a notícia na televisão na noite anterior e, compreendendo como era estar na pele de Chad, e na cadeira dele, decidiram que ele poderia ter um pouco de ajuda e apoio. Utilizando plenamente seus braços poderosos, eles rodaram para cima e para baixo na estrada como soldados em uma patrulha de reconhecimento, transmitindo informações cruciais sobre o inimigo e o terreno à frente.

Quando chegou meu momento de deixar Chad, fiz isso com muita relutância. Eu podia sentir que ele estava começando a mudar de ideia. Mais tarde, naquela noite, enquanto descansava em um quarto de motel distante de onde começara, e mais distante ainda de onde queria chegar, ele me telefonou e se perguntou em voz alta o que estava pensando quando teve essa ideia maluca. Era difícil demais, ele me dizia. O grau de dificuldade estava esmagando-o. Ele não tinha certeza se podia continuar.

Respondi como qualquer amigo faria. Incentivei Chad a não desistir. Eu disse que sabia que ele tinha capacidade para fazer aquilo. Afinal de contas, não era ele o cara que já desafiara as dificuldades e perseverara durante dias, semanas e meses para reaprender a comer, a escovar os dentes, a se vestir, a se sentar? Lembrei a Chad que, na verdade, ele vinha treinando para essa maratona épica há mais de um ano e meio.

Em seguida, desliguei o telefone e tive aquela sensação de impotência que todos temos quando percebemos que pessoas das quais gostamos têm que agir sozinhas. Por mais que nosso desejo seja ajudá-las, são elas que têm de decidir se estão dispostas a sofrer pelo que mais querem.

Posteriormente, eu aprenderia com o mestre das palavras que esse processo se resume em um único termo: "paixão".

Tardes com Arthur

Era uma tarde de quinta-feira, e eu me vi esperando ansiosamente pelo início da popular palestra "Cápsula de cultura" que Arthur apresentaria. Toda quinta-feira, às 14 horas em ponto, um punhado de seus antigos companheiros viajantes em Summerfield Manor vai até a sala de estar, junto à entrada principal, em andadores e cadeiras de rodas, e através do poder das palavras, Arthur, sempre o professor, leva-os para uma viagem linguística pelo mundo. Enquanto os poucos "clientes" vão pingando dentro da sala, o professor Watkins entrega a cada um deles notas meticulosamente preparadas sobre a palestra, impressas em letras tão incrivelmente miúdas que não consigo nem imaginar como aqueles senhores com catarata conseguiam ler.

Arthur se dirige ao grupo de seis pessoas como se estivesse falando para uma turma de duzentas, com uma pronúncia clara e precisa e uma dicção típica de professor, cada palavra sendo dita com uma voz fervorosa e um entusiasmo contagiante de primeiro dia de aula. Minutos depois de Arthur iniciar sua oratória, uma mulher elegantemente vestida cochila, desencadeando um efeito dominó de solavancos involuntários no pescoço, braços e mãos, espalhando suas notas por todo o lugar. A octogenária adormecida desperta com um sorriso encabulado e se estica para recuperar as notas espalhadas.

Arthur não se distrai facilmente e permanece concentrado em transmitir a obra de sua vida a todos aqueles que estão ao alcance do som de sua ressonante voz. A palestra daquele dia era "Aumentando seu vocabulário de oitocentas palavras para 600 mil palavras". À medida que a lição avança, Arthur passa do aprendizado sobre palavras para o aprendizado advindo delas. "Conhecendo o verdadeiro significado das palavras", diz ele, "permitimos que elas tenham profunda influência em nossas vidas."

Depois da palestra, seguimos pelo corredor até o quarto, para o que ele chama de "estudo das palavras".

— A palavra que peço para discutirmos hoje é "paixão".

O mestre das palavras sorriu e começou:

— A palavra "paixão" surgiu no século XII. Cunhada por estudiosos cristãos, significa *sofrer*. No sentido mais puro, descreve o *sofrimento voluntário de Cristo*.

Depois de me ensinar a etimologia da palavra, Arthur acrescentou: "Paixão não significa apenas sofrer por sofrer; é preciso que seja um sofrimento puro e voluntário."

Ele prosseguiu:

— Fui a muitos festivais e encenações na Europa em comemoração ao sofrimento de Cristo. As encenações são sempre chamadas de Paixão.

Arthur revelou que, em inglês, "paixão" e "caminho" (*path*) têm raízes semelhantes: o prefixo da palavra "caminho" significa *sofrer de*.

— Pense só nisso, Kevin — disse Arthur. — Temos médicos chamados patologistas. Eles estudam os males e as doenças que os seres humanos sofrem.

Em seguida, ele revelou uma ligação entre sofrimento, ou paixão, e sacrifício.

— A palavra "sacrifício" vem do latim "*sacra*", que significa "sagrado", e "*fício*", que significa "encenar". Sacrificar é "encenar o sagrado".

— Em essência — continuou ele —, "paixão" é "sofrimento sagrado".

A revelação de Arthur penetrou fundo em minha alma. O sofrimento não é necessariamente uma coisa ruim. Pode e deve ser uma coisa boa. É nobre. É sagrado. Define a vida.

Uma coisa é sofrer e ser uma vítima; querer sofrer por uma causa e se tornar vitorioso é algo completamente diferente.

Embora tenha se tornado comum definir paixão como um amor profundo ou romântico, o verdadeiro significado é *estar disposto a sofrer por aquilo que você ama*. Quando descobrimos aquilo pelo qual nos dispomos a pagar um preço, descobrimos nossa missão e propósito na vida.

DISPOSIÇÃO PARA SOFRER

Paixão foi o que enviou Viktor Frankl ao inferno do Holocausto. Como respeitado cirurgião, psicoterapeuta e escritor, ele podia ver o que estava acontecendo. Estava claro que os nazistas tomariam sua querida Viena. Ele poderia ter ido embora, mas optou por ficar por causa de seu profundo amor pelos pais, que não podiam obter vistos.

Elly Frankl, a segunda mulher de Viktor, compartilhou essa história conosco nos arredores de Viena, em um restaurante que já foi a casa de Ludwig van Beethoven. Foi nessa casa que Beethoven compôs sua obra-prima, a Nona Sinfonia, quando estava completamente surdo. As últimas palavras do famoso compositor foram para sempre adequadas: "Vou ouvir no paraíso." Ele também havia aprendido a dominar com elegância o sofrimento.

Elly nos contou que Viktor chegou em casa, vindo do consulado americano, com o visto de viagem, e encontrou um grande bloco de mármore sobre a mesa. Seu pai o havia salvado na sinagoga local que fora destruída pelos nazistas. Era um pedaço de uma tábua de mandamentos, recordou ela, que dizia: "Honrai teu Pai e tua Mãe, porque teus dias sobre a terra poderão ser longos."

Viktor colocou o visto de viagem na gaveta e nunca o usou. Escolheu voluntariamente ficar e sofrer com os pais. Permaneceu ao lado do pai nos campos de concentração e conseguiu lhe administrar um remédio que ajudou a aliviar a dor e o sofrimento até ele morrer em seus braços.

Depois que a guerra acabou, Viktor conservou duas prezadas obras de arte em seu escritório em Viena. A primeira delas era um entalhe em madeira de um homem com a mão estendida. O nome da peça: *O homem sofredor*. A segunda era uma pintura de dez caixões em Auschwitz. Foi em um desses caixões que ele encontrou os restos mortais de seu pai. As duas obras permanecem como lembretes vívidos do motivo pelo qual ele foi para onde foi e fez o que fez.

A paixão o expande. O sagrado o expande. A disposição de Viktor para sofrer o levou a seu dom. Levou-o ao que ele foi feito para fazer: ajudar os outros a encontrar significado e objetivo na vida.

Viktor ensinou: "Nosso impulso central como seres humanos é nossa busca de sentido (...) O modo como um homem aceita seu destino, e todo o sofrimento que este acarreta, o modo como ele carrega sua cruz, dá-lhe amplas oportunidades — mesmo nas circunstâncias mais difíceis — de acrescentar um sentido mais profundo à sua vida."

Muitas vezes encontramos o sentido através do sofrimento. Ralph Waldo Emerson disse: "Toda parede tem uma porta." A paixão no sentido mais puro — a disposição para sofrer por aquilo que amamos — é, muitas vezes, a porta que nos leva ao nosso caminho.

Descobrindo compaixão

Quando trabalhei na Franklin, eu adorava ir para o escritório de bicicleta — e fazia um caminho diferente a cada dia. O ar fresco e o exercício físico ajudavam a clarear minha mente para que eu estivesse pronto para criar e me empenhar no momento em que punha os pés no escritório. Mas a viagem também me sobrecarregava fisicamente, e, para me ajudar com isso eu fazia visitas regulares a um massagista chamado Den Brinkley. Den tinha fama de ser um massagista de primeira linha. Não apenas tirava os nós das minhas pernas, como tinha uma maneira de conversar que tirava os nós da minha cabeça.

Um dia, eu estava pedalando e bati em alguém. Para ser preciso, eu deveria dizer que ele bateu em mim. Eu estava em minha bicicleta a mais ou menos trinta quilômetros por hora quando um motorista adolescente inebriado, cheio de metanfetaminas e com uma embalagem de seis cervejas bateu em mim por trás a mais de noventa quilômetros por hora. Ele havia costurado no trânsito, tentando ultrapassar um caminhão, e por pouco evitara uma colisão de frente desviando para a direita, quando bateu em mim. Foi uma combinação letal: ele estava doidão, bêbado e não me viu. Eu bati no para-brisa do carro e voei, flutuando pelo que pareceu ser uma eternidade até os fios de energia ficarem no nível dos olhos. Quando caí no asfalto, a mais de 15 metros de distância, tudo começou a se mover numa velocidade absurda. Como um frango de borracha, eu rodei até parar 18 metros depois, na estrada. Olhei para trás e vi o carro que me atingiu se aproximando e guinchando em uma freada brusca. Olhei nos olhos vazios do jovem por trás do volante. Ele virou a cara, acelerou e foi embora.

Uma ambulância logo chegou e me levou às pressas para o hospital. Eu estava todo machucado. Tinha uma distensão no pescoço, escoriações pelo contato com o asfalto e um ferimento grave na cabeça. Eu estava tão nauseado que não conseguia me sentar. Milagrosamente, ainda estava vivo. Amigos queridos levaram minha esposa para ficar ao meu lado na cama. Posteriormente, minha filha mais velha chegou e, depois dela, veio Den Brinkley, meu massagista.

Den devia ser o cara mais forte que eu conhecia, o tipo de homem que pode fazer uma dúzia de flexões com um braço só. Nos fins de semana, ele enfrentava javalis e porcos com uma faca; era um guerreiro completo. Se você fosse para a guerra, iria querer levá-lo junto. Na verdade, Den esteve na Guerra do Vietnã, onde integrou uma patrulha de reconhecimento em linhas de frente. Ele era a única pessoa com capacidade para me tirar daquele hospital. Ele compreendia meu sofrimento. Sabia o que estava acontecendo com meu corpo e entendia a dor física e psicológica em minha cabeça.

Ele sabia o quanto minha situação era crítica, o quanto era importante eu me recuperar, e disse:

— Kevin, você sabia que houve uma época em que eu desisti da vida e pretendia dar um término nela?

Den disse que isso aconteceu quando ele voltou do Vietnã. Ele tinha se ferido gravemente nas costas enquanto trabalhava em construção e estava procurando outro emprego quando a mulher lhe falou que não precisava dele, que ninguém precisava dele e, depois de limpar a conta bancária, pegou o carro e foi embora, deixando Den e seu filho para trás.

Um dia, no fim da tarde, atordoado e desanimado, ele saiu, foi para trás de seu apartamento com um revólver calibre 45 carregado e pôs o cano na boca.

Ele me contou tudo isso enquanto massageava meu corpo, tentando me trazer de volta à vida.

Então, segundos antes de puxar o gatilho, ele ouviu um chamado distante, um chamado que se tornou *sua* convocação para voltar a viver — o chamado que lhe deu um propósito. "Pai? Onde você está, pai?", gritava o filho dele. "Eu *preciso* de você. Não consigo encontrá-lo. Pai? Pai? Onde você está?"

— Eu abaixei a arma e chorei como um bebê, porque naquele momento encontrei algo para o qual viver — disse Den. — Meu filho salvou minha vida naquela noite.

E Den salvou a vida do filho.

A responsabilidade recíproca entre pai e filho foi bem definida por Viktor Frankl: "Um homem que se torna consciente da responsabilidade que tem com um ser humano que espera por ele afetuosamente, ou com um trabalho inacabado, nunca será capaz de jogar a vida fora. Ele sabe o 'porquê' de sua existência e será capaz de suportar quase qualquer 'como'."

Den Brinkley sabia que eu precisava do dom dele. Depois de horas de cuidados que foram capazes de me liberar do hospital, ele continuou a ir à minha casa toda noite durante várias semanas. Chegava depois das 8 ou 9 horas fazendo massagens e passava mais uma hora ou duas massageando e manipulando meu corpo destroçado. Den demonstrou verdadeira compaixão por mim.

Compaixão, como vim a aprender, combina "com" e "paixão", ou *sofrimento*. "Compaixão" é "sofrer com o outro". Serei para sempre grato a Den por ele ter se disposto a sofrer comigo, e por mim.

Sofrendo pelo que mais importa

Para um termo de seis letras que surgiu bem depois de a maioria dos dicionários modernos ser criada, poucas palavras transmitem mais força e profundidade do que "paixão". Além de prescrever o que precisamos fazer em um nível pessoal para encontrar propósito e sentido, é também a palavra que melhor descreve os atos heroicos realizados todos os dias por alguém para outra pessoa. A lista é comprida: treinadores, professores, escritores, mentores, terapeutas, psicólogos, enfermeiros, conselheiros, médicos — pessoas que, de forma apaixonada e compassiva, enriquecem e ampliam a vida de outros.

E pode haver exemplo mais perfeito de paixão do que uma mãe dedicada?

Você algum dia já captou o olhar de uma mãe que, em um estacionamento lotado, perdeu de vista o filho por um momento? Você não iria querer se meter no caminho dessa paixão. As mães se dispõem a sofrer por aquela criança, aquele bebê, aquele embrião no útero. Elas suportam nove meses de sofrimento para dar à luz, e a disposição para sofrer pelos filhos dura a vida inteira.

Vi minha própria mãe se sacrificar pelo meu irmão, Rick, e por mim. Vi minha esposa, Sherry, sofrer para trazer nossos seis belos filhos ao mundo. E mais recentemente vi, admirado, minha filha mais velha, Season, optar por dar à luz o terceiro filho. Não foi uma decisão fácil, porque, quando engravida, ela fica enjoada constantemente, tem sérias enxaquecas, fica tonta, vê tudo duplicado e precisa ficar muito tempo na cama. Certa vez, perguntei a ela:

— Por que você passa por isso?

Ela olhou para as duas filhinhas bonitas do outro lado da sala. Não precisou de uma palavra, apenas aquele olhar. Era por isso que ela concordava de bom grado sofrer de novo por nove longos meses.

Todas as contribuições que valem a pena são alcançadas através da paixão, *se* a pessoa está disposta a pagar o preço.

Qualquer coisa é possível se você está disposto a pagar o preço

Um dos meus escritores preferidos de autoaperfeiçoamento — e um dos maiores escritores da história — já foi um alcoólatra sem dinheiro que quase gastou os últimos poucos dólares em uma arma para se matar. Achou que o mundo ficaria melhor sem ele. Felizmente, para as incontáveis milhões de pessoas que foram inspiradas por suas palavras, ele trocou o frio aceno de uma pistola na vitrine por uma biblioteca pública. A troca fortuita o levou a um livro contendo uma mensagem que mudaria a vida dele para sempre. As palavras eram: "Você pode realizar qualquer coisa que quiser, desde que não seja contrária às leis de Deus ou do homem, contanto que se disponha a pagar o preço." Então, ele soube que tinha um trabalho inacabado para concluir.

Desde que era um menino ele sonhava em ser escritor — um escritor que pudesse fazer um ótimo serviço. Aquela passagem do livro o inspirou a perseguir esse sonho e, ao fazer isso, ele deixou de ser um vendedor desanimado e desempregado chamado Augustine para se transformar em Og Mandino, o talentoso autor de um livro sobre vendas que é best-seller mundial: *O maior vendedor do mundo*.

Ele resumiu tudo isso ao dizer:

— Como você pode estar infeliz ou deprimido quando sabe que há uma pessoa no mundo que precisa de seu dom, apenas uma?

Aguentando até o fim

Quando Chad chegou com sua bicicleta de mão ao alto da Apex Junction, às 4 horas da manhã, conseguiu ver, a distância, as luzes brilhando em Las Vegas, seu destino final. Ele me disse mais tarde que assim como ninguém poderia compreender a alegria que ele sentiu daquele momento, ninguém poderia compreender a fadiga e o desespero que ele enfrentara durante as horas e os dias que precederam a subida daquele último morro. Houve momentos, disse ele, em que estava cansado demais até para chorar. Aquilo levara tudo o que ele tinha e mais alguma coisa. Chad aprendera o que Viktor Frankl quis dizer quando afirmou: "O que é para dar luz deve suportar a ardência."

Chad suportara a ardência no pescoço quando aquele enorme fardo de feno caiu sobre ele. Suportara o medo que tomou conta dele durante a noite quando ele saiu da cirurgia e descobriu que nunca mais andaria. Suportara o pensamento terrível de que talvez não fosse capaz de cuidar de sua família. Enfrentara o medo de que pudesse até perdê-la. Depois, foi em frente, incansável, para reabilitar, durante 18 longos meses, o que restou do corpo dele.

E agora, através de uma combinação de céu e inferno feita por ele mesmo, suportara os longos, lentos e importantíssimos quilômetros que quase ninguém mais vê ou experimenta. Qualquer viagem sempre fica mais difícil no meio, assim como acontece no meio do caminho para a realização das nossas maiores aspirações e sonhos.

É aí que entra a verdadeira paixão.

Em nossas lápides há duas datas: o dia em que nascemos e o dia em que morremos. Mas o que simboliza nossa vida é o travessão entre os dias grafados. O que acontece no meio? O que acontece entre os momentos traumáticos? Os momentos de euforia?

Em todos aqueles quilômetros do meio — quando a temperatura do asfalto chegou a quase cinquenta graus e a força das mãos dele diminuiu tanto que foi preciso amarrá-las aos pedais, e ele estava dirigindo a menos de três quilômetros por hora — Chad deixou de contar as horas para contar os marcadores de quilômetros na estrada. Quando ficou realmente difícil, o pai dele interveio e disse: "Filho, em vez de contar os marcadores de quilômetros, por que você não conta as faixas amarelas no meio da estrada? Elas aparecem um pouco mais rapidamente. Veja se isso ajuda." Chad estava entorpecido demais para protestar, e então ele reaprendeu algo que já sabia: reduzindo esse objetivo para passos cada vez menores, um dia de cada vez, um quilômetro de cada vez, uma hora de cada vez, e até mesmo uma faixa amarela de cada vez, o destino final se torna alcançável.

Assim como no início da viagem, ficou fácil de novo no fim. A escolta policial estava de volta. A família e os amigos que haviam torcido para ele no início, em Salt Lake City, haviam voado até Las Vegas para aclamá-lo no final. A mídia retornou, as luzes estavam acesas, as câmeras de TV estavam filmando. Estranhos pararam e aplaudiram. Todos os sinais de trânsito nos cruzamentos ficaram desligados na Las Vegas Strip enquanto a Nevada Highway Patrol escoltava Chad até a linha de chegada, em frente ao Mirage Hotel. Quando ele passou, centenas saíram dos cassinos e aplaudiram o homem que pedalara 825 quilômetros. E não havia nenhum grilo lá.

Exausto como estava no final, ainda assim ele não perdeu de vista os objetivos. Ao saber do feito de Chad, uma organização telefonou e perguntou se ele estaria disponível dentro de três dias para fazer uma apresentação oral — em Louisiana. Chad não pediu tempo para se recuperar. Imediatamente começou a treinar para a apresentação, tomou um avião e, se antes ele recebia pouco mais do que o dinheiro da gasolina para conversar com grupos, dessa vez, ele teve uma remuneração generosa.

Desde então, ele se tornou um orador muito procurado. Entre seus clientes estão algumas das maiores empresas e organizações do mundo. Aos 32 anos, ele se tornou um dos oradores mais jovens a receber o título de profissional certificado, uma distinção dada pela Associação Nacional de Oradores a um grupo seleto. O periódico *Wall Street Journal* o chamou de "uma das dez pessoas mais inspiradoras do mundo". Hoje ele gera uma renda anual de sete dígitos. Mas a maior realização dele é continuar sendo o marido dedicado de Shondell e o orgulhoso pai de três filhos, Christian, Kyler e a recém-adotada Gracee.

Em vez de deixar influências externas determinarem a temperatura e a direção de sua vida, Chad optou por traçar o próprio destino. Ele transformou sua tragédia em triunfo.

Na linha de chegada, a mãe dele se aproximou de mim e de minha filha Starr, que estava ali para apoiá-lo, e com lágrimas nos olhos resumiu o que todos nós estávamos pensando.

— Estou tão orgulhosa de Chad — disse ela. — Meu filho alcançou o impossível.

Pensamentos sobre *Paixão* em meu diário

Há muitos começos no mundo. Quem não gosta de começar coisas novas e animadoras? Começar é a parte fácil. A parte difícil é terminar. É o término que separa aqueles que têm paixão daqueles que não têm.

Qual foi a busca significativa que deixei de fazer porque não estava disposto a sofrer e me sacrificar pelo que mais desejava?

Qual foi o objetivo não realizado com que me senti não realizado e incompleto?

Todo mundo tem tarefas, sonhos e objetivos específicos que, quando terminados, quando concluídos, quando realizados com sucesso, aumentam incrivelmente a qualidade de vida. Não há nada mais letal para a integridade pessoal do que tarefas inacabadas.

Aqueles que têm paixão fazem; aqueles que não têm paixão tentam. Quando digo "Vou tentar" construo uma desculpa. Se começo, mas não termino, sempre posso dizer "Bem, eu tentei"; mas se digo "Eu farei", comprometo-me a terminar, não importa o que aconteça.

"Missão" significa ser enviado. Eu cuidarei para fazer o que fui feito para fazer, o que fui enviado para fazer.

Não há nada mais realizador do que assumir um sonho, um objetivo, uma aspiração — não importa o quanto seja difícil — e concluí-lo.

Eu posso então fazer um intervalo em meu caminho e dizer, como fez Aquele que definiu a perfeita paixão: "Está terminado."

IDENTIFIQUE E HOMENAGEIE UM PRATICANTE DE
Paixão

SELECIONE alguém que você conheça cujo comportamento reflita perfeitamente os princípios da paixão.

ESCREVA o nome dessa pessoa no quadro abaixo.

PROCURE essa pessoa, ensine a ela o significado de "Paixão" e explique por que ela personifica essa palavra.

CAPÍTULO CINCO

Sapere Vedere

O olho é a janela da alma.

— LEONARDO DA VINCI

O céu estava nublado quando o avião decolou em Miami, e eu comecei a conversar com o passageiro sentado ao meu lado, um cavalheiro chamado Sita Patel, da Índia. Estávamos comentando sobre a natureza sombria do dia quando de repente o jato em ascensão atravessou as nuvens e encontrou um sol tão brilhante que tivemos de abaixar a veneziana da janela para bloquear a luz intensa.

A mudança repentina desencadeou uma lembrança em meu companheiro de poltrona. Ele se virou para mim e disse:

— Quando eu era criança, em Bombaim, lembro-me de chegar em casa durante um dia nublado e minha mãe perguntar: "Como foi o dia?"; "Hoje não foi um dia bom, estava muito escuro", respondi. "O sol não saiu." E me lembro do que minha mãe disse: "O sol saiu. O sol sempre sai. Você apenas não o viu. Você precisa aprender, meu filho, a ver além das nuvens."

VENDO UM MUNDO INTEIRAMENTE NOVO

Dizem que "Quando mudamos a maneira de ver as coisas, as coisas que olhamos mudam". Talvez ninguém na história tenha personificado isso melhor do que Leonardo da Vinci, o grande artista, inventor, cientista e desenhista italiano que previu o futuro centenas de anos à frente de sua época. No devido tempo, a nova maneira dele de ver as coisas abriria um mundo inteiramente novo de explorações por ar e mar, enquanto, ao mesmo tempo, Cristóvão Colombo, seu conterrâneo, estava abrindo outro novo mundo com a descoberta da América.

Muito além de ser o artista brilhante que pintou a *Mona Lisa*, *A última ceia* e inúmeras outras obras-primas, Da Vinci era também um mestre da inovação. Com o olho aguçado, ele observava tudo ao seu redor de ângulos sem precedentes. Estudou a genialidade e a economia simples da natureza: o modo como os pássaros voam, o fluxo das marés, a forma humana e a simetria; praticamente, nada escapou de seu olhar único. No ateliê, ele deixou para trás uma coleção de códigos — notas detalhadas e desenhos de invenções que séculos depois se tornariam a bicicleta, o planador, o avião, o helicóptero, o tanque de guerra, o robô, o giroscópio, o salva-vidas, o barco de casco duplo, o paraquedas e o guindaste. Previu maravilhas da engenharia e da indústria que o mundo só começaria a admirar e desenvolver bem depois que ele se foi. Mais de quinhentos anos depois, é difícil compreender a dimensão do que esse perfeito "homem do Renascimento" imaginou.

Quando lhe perguntavam o segredo da genialidade, Da Vinci costumava responder com a frase que concebeu e adotou como lema pessoal:

Sapere Vedere.

A frase combina do latim *"sapere"*, que significa *saber*, e *"Vedere"*, que significa *ver*.

Sapere vedere é *saber ver*. Inverte o dito "Ver é crer" para "Crer é ver".

Pessoas com *Sapere' Vedere* olham para a frente e também para dentro; são capazes de crer e ver o que outros não conseguem. Da Vinci entendeu que, na verdade, vemos primeiramente com nosso cérebro; em segundo lugar, com nosso coração; e, depois, com nossos olhos. Saber ver, percebeu ele, é crucial para viver uma vida com significado. Permite focar naquilo que queremos ver acontecer, e não naquilo que não queremos ver acontecer. Pessoas sem *Sapere Vedere* dizem: "Cruzarei aquela ponte quando chegar lá." Aqueles que têm *Sapere Vedere* dizem: "Verei aquela ponte antes de cruzá-la."

Sapere Vedere é tridimensional, uma combinação de visão retrospectiva, previsão e visão interna ou percepção — em inglês, *hindsight, foresight* e *insight*.

Hindsight é *ver atrás*. "*Hind*" é *atrás*, "*sight*" é *visão*. É onde estivemos. *Foresight* é *ver à frente*. "*Fore*" é *frente*. É o que está à nossa frente. *Insight* é *ver a partir de dentro*. É o que vemos com os olhos da nossa mente e sentimos com o pulso do nosso coração.

Como escreve Myles Munroe em seu livro *Os princípios e o poder da visão*: "A vista é uma função dos olhos, a visão é uma função do coração [...] A visão liberta você das limitações do que seus olhos podem ver e lhe permite entrar na liberdade do que seu coração pode sentir. Nunca deixe seus olhos determinarem aquilo em que seu coração acredita."

Pessoas sem visão muitas vezes se fixam no passado. Elas olham o que aconteceu como um poste de amarrar animais, e não como um poste de sinalização. Ao deixarem apenas a visão retrospectiva guiar, elas garantem que o caminho, invariavelmente, se repita. Ver não apenas o passado e o presente, mas também o futuro, é uma marca registrada daqueles que têm *Sapere Vedere*. Ao focar naquilo que está no coração e na mente, e olhar adiante, a visão nos puxa para frente.

Tardes com Arthur

Arthur vibrou no dia em que nosso estudo das palavras teve como foco "visão" e *Sapere Vedere*. As palavras fizeram aflorar o menino dentro dele. Ele ficou tão animado para me ensinar sobre isso que quase caminhou à frente do andador ao apostar corrida comigo para chegar antes à sala de estar da casa de repouso.

Depois que chegamos ao nosso destino e nos acomodamos em nossas cadeiras junto ao fogo, Arthur me perguntou:

— Você sabia que tanto "visão" quanto "sabedoria" são *sight words*?*

Ele explicou que, no inglês, essas palavras têm raízes no alemão antigo. "*Wisdom*" ("sabedoria") vem de "*wissen*", que significa *Eu sei o que vi*. Já "*vision*" ("visão") vem de "*vissen*", que significa *Eu sei o que vejo*.

— Sabedoria — prosseguiu ele — é saber o que vimos. Visão é saber o que vemos. E *Sapere Vedere* é saber ver. — Arthur apontou para a lareira ao nosso lado. Em inglês, a palavra original que significava lareira, ensinou ele, era "*hearth*", que significa *heart* (coração). Antigamente, tudo que era importante acontecia na *hearth*. O calor da casa vinha da *hearth*. As refeições que sustentavam a vida eram preparadas na *hearth*. As conversas importantes aconteciam em torno da *hearth*. A lareira era o ponto focal. Era o centro ou o coração da casa.

---

*Palavras que são ensinadas bem cedo na alfabetização, para que a criança possa reconhecer seu significado instintivamente, sem precisar decodificá-lo. (*N. do E.*)

Meu velho amigo, em seguida, citou um provérbio:

— Onde não há visão, as pessoas perecem. Com visão, elas olham para a frente com confiança. Confiança significa *ir com fé*. Uma visão clara nos permite prosseguir com fé em nós mesmos.

Enquanto Arthur continuava a ensinar, observei o brilho em seus olhos e a alegria dele ao mergulhar e se perder nos segredos da linguagem. Ele era o retrato do contentamento. O corpo de Arthur estava curvado e era muito diferente do que fora na juventude, mas percebi que, com sua sabedoria e visão, ele podia ir a lugares da mente que poucos podiam compreender. Confinado em uma casa de repouso, ele era tão livre quanto qualquer pessoa que eu já conhecera.

Refleti sobre um estudo ao qual fora apresentado recentemente, que dizia ser perigoso as pessoas se aposentarem sem ter uma visão do futuro. Se a visão delas era de "algum dia" — algum dia ter um carro, algum dia ter uma casa, algum dia ter um relógio de ouro —, se era para isso que elas viviam, quando conseguem isso e depois se aposentam, muitas vezes morrem em poucos anos. A apatia se instala, porque elas não têm um caminho a seguir para o futuro. (Apatia, como Arthur me ensinara, é não ter caminho algum. Objetivos, sonhos e aspirações desaparecem. Etimologicamente, "apatia" significa *sem sentimento ou sofrimento*. É a antítese de paixão e visão.)

Ali, diante de mim, estava um homem com uma visão profunda. Embora eu tivesse boa saúde, boa audição, excelente visão e oportunidades ilimitadas, eu me vi invejando-o.

Sem limites

Eu acabara de iniciar a Maratona de Boston em Hopkington, Massachusetts, quando notei um corredor à minha frente, claramente mais velho do que eu, habilmente costurando seu caminho no campo lotado de corredores. Era o aniversário de cem anos da venerável maratona, e mais de 40 mil corredores — incluindo os oficialmente classificados e alguns penetras — lotavam o trajeto. Embora os organizadores, em um esforço para administrar a multidão, tivessem enviado os grupos em partes, de acordo com o tempo obtido na classificação, depois que você entrava no caminho era como costurar entre pessoas em uma plataforma do metrô de Nova York.

Eu notara o homem à minha frente enquanto esperava a saída. Ele era elegante e estava em boa forma física, e se alongava e pulava como fazem todos os corredores antes de iniciar uma corrida de 42 quilômetros. Mas havia algo nele que parecia diferenciá-lo e que eu não conseguia identificar bem. Então nosso grupo largou e tentei segui-lo no meio da multidão. Ele correu sem esforço, quase como se não houvesse mais ninguém ali, e rapidamente passou à frente.

Só então notei o corredor ao lado dele. Os dois homens seguiam em dupla. Quando um deles desviava para a esquerda, o outro desviava para a esquerda; quando um se movia para a direita, o outro se movia para a direita. Acelerei meu passo para olhar mais de perto e então percebi. O homem que eu havia visto se aquecendo era cego. O corredor ao lado dele era o guia; ele o direcionava com apenas um toque no cotovelo. E ambos estavam voando! Dois minutos depois, já haviam sumido.

Descobri mais tarde quem era o homem. Eu estava falando com um vizinho sobre minha experiência de encontar um corredor cego no início da maratona e ele disse:

— Só pode ser Harry Cordellos, provavelmente o maior atleta cego do mundo. Eu fui o guia dele de esqui. Você devia ler o livro que ele escreveu, *No Limits*.

Encontrei o livro, li e, melhor do que isso, tive o prazer de conhecer Harry quando o convidei para ficar em minha casa e falar em um retiro nas Montanhas Rochosas. O atleta era impressionante. Caminhava pela floresta, inspirava fundo e dizia:

— Humm, aqueles ali são pinheiros americanos, não? São altos assim? Dessa grossura? — E, na maioria das vezes, ele acertava.

Ali estava alguém com deficiência visual, mas, como o título do livro indicava, sem qualquer limitação. Certa vez, Harry esquiou quase sessenta quilômetros na água, de Dana Point, Califórnia, à ilha Catalina, no agitado oceano Pacífico. Uma pessoa com visão provavelmente não teria conseguido fazer isso, porque teria visto os obstáculos. Mas Harry simplesmente foi em frente, assim como fez na Maratona de Boston, com a visão interna fixada no destino final. Ele sabia qual era o propósito, e isso fez toda a diferença.

O CAMINHO E O PROPÓSITO

Propósito é um ingrediente importantíssimo para *Sapere Vedere*. Depois que sabemos qual é o nosso propósito, nos tornamos descobridores de caminhos. Saber o que queremos determina onde vamos e onde colocamos nosso foco. Nosso caminho é *como* viajamos. Nossa visão é *onde* viajamos. Nosso objetivo é *por que* viajamos.

Da Vinci disse: "Que seu trabalho esteja de acordo com seu propósito."

Muitas vezes falamos: "Você fez isso de propósito." Significa fazer o que nos propomos a fazer. A palavra "propósito" deriva de "propor". Em inglês, "propor" é *"propose"* que é uma combinação de *"pro"*, que significa "adiante", e *"pose"*, que significa "por". Propor é "pôr adiante" o que pretendemos que aconteça em nossas vidas. Quando alinhamos nossas vidas com o que propomos, estamos respondendo a um chamado de emergência para viver "de propósito". Cada um de nós é criado para e com um propósito, assim como tudo na natureza foi criado para e com um propósito.

Como disse Viktor Frankl: "Todo mundo tem sua vocação ou missão na vida, todo mundo precisa executar uma tarefa concreta que exige realização. Nisso, ninguém pode ser substituído — nem sua vida pode ser repetida."

Entender, bem como apreciar nosso chamado único, é crucial. Os dois dias mais importantes de nossa vida são o dia em que nascemos e o dia em que descobrimos o que nascemos para fazer. Esse é o dia em que adquirimos a visão de quem fomos feitos para ser.

Visualize o sentimento

Peter Vidmar, que ganhou duas medalhas de ouro em ginástica olímpica, compartilhou a experiência dele que ilustra esse ponto. Ele começou a treinar para as Olimpíadas aos 12 anos de idade e só competiu nos Jogos quando tinha 23 — 11 longos anos depois. É um bocado de tempo de preparação, uma sucessão interminável de horas no ginásio fazendo os mesmos exercícios repetidamente. A única maneira que ele teve para permanecer focado durante todo esse tempo foi visualizar constantemente o resultado final desejado e se conectar com sua emoção interna.

— Eu tinha uma visão do que queria me tornar: um campeão olímpico — disse Peter. — Não posso subestimar a importância disso. Foi realmente o que me manteve firme no meu objetivo.

Ver a si mesmo fazendo uma apresentação perfeita e em pé no alto do pódio, com uma medalha de ouro pendurada no pescoço, também não era o mais importante.

— A questão não era muito "Como vou *parecer*?" — disse ele. — A questão era "Como vou me *sentir*?". Este é um motivador muito mais forte.

Todo dia, depois de um exaustivo treinamento de seis horas, Peter e seu colega de equipe, Tim Daggett, permaneciam no ginásio após seus companheiros irem embora e visualizavam a si próprios na final das Olimpíadas, focando exatamente no que precisavam fazer nas apresentações. Quando as Olimpíadas chegaram, os dois foram os últimos a se apresentarem pelos Estados Unidos em uma disputa apertada com uma equipe da República Popular da China. Quando Vidmar e Dagget fizeram as séries de exercícios quase perfeitas — as apresentações que eles haviam visto e sentido em suas mentes e seus corações durante anos — os Estados Unidos conseguiram o ouro.

Pouco depois que as Olimpíadas terminaram, organizei para que Peter falasse à nossa equipe de vendas na Frankl sobre a experiências dele nas Olimpíadas e sobre o papel importante que a visualização teve nesse sucesso. Desde então, consultei-o muitas vezes quando precisei de ajuda para visualizar objetivos e sonhos. A capacidade que Peter tem de não apenas ver com a mente e os olhos, mas de sentir profundamente com o coração, é inestimável.

VÊ-LO PARA SÊ-LO

Dizem que visão é o que vemos quando fechamos os olhos. Temos que *vê-lo* antes de podermos *sê-lo*. "Sonhe alto", escreveu James Allen. "E conforme você sonha, assim você se tornará. Sua visão é a promessa do que você será um dia."

Meu amigo e colega de negócios Richard Paul Evans, autor de diversos best-sellers da lista do *New York Times*, levou-me recentemente para almoçar e me contou uma história cativante sobre o imenso poder da visão. Ele recordou seus primeiros tempos de escritor, quando ele, a esposa, Keri, e seus dois filhos moravam em uma casa compacta de 65 metros quadrados. Richard acabara de concluir o primeiro romance, *A caixa de Natal*, que começou a vender muito rapidamente, através da divulgação boca a boca. Acreditando em um potencial que poucos autores iniciantes teriam a ousadia de prever, ele estabeleceu o objetivo de ser best-seller nos Estados Unidos. Depois de estabelecer essa meta elevada, saiu prontamente e comprou cinco pulseiras de ouro para ele e para pessoas que o apoiavam. Elas se uniram a Richard no compromisso de ver o livro se tornar o mais vendido no país. Os donos dessas pulseiras de ouro prometeram usá-las até o objetivo ser alcançado.

Ele me contou sobre a excitação que sentiu quando botou a pulseira e como ela serviu como um lembrete constante e possível do plano que tinha para o livro. Era uma conexão emocional com esse objetivo. Sempre que apertava mãos, ou escrevia, ou apanhava o telefone, ele se conectava com seu propósito.

Foi com puro prazer que ele me relatou a incrível sensação e a grande emoção que sentiu meses depois, quando foi retratado na revista *People* como o autor best-seller nos Estados Unidos. Ao ser fotografado para a reportagem, ele estendeu a mão e empurrou a pulseira de ouro para a frente o máximo que pôde, para que os outros quatro que a tinham pudessem ver que a visão compartilhada por eles havia se realizado. O mesmo cenário se repetiu quando ele apareceu como convidado de Katie Couric no programa *Today*. Ele olhou para a câmera, pôs a mão junto ao rosto e mais uma vez puxou a pulseira para o pulso, afirmando simbolicamente que sonhos realmente se tornam realidade se você os sente e os vê com clareza suficiente.

Quinze milhões de livros e 14 best-sellers do *New York Times* depois, Richard Paul Evans continua acreditando firmemente em criar uma visão que leve você para a frente. Desde então, ele fundou uma organização internacional, a Christmas Box House International, dedicada a impedir abusos contra crianças e a proteger crianças espancadas e abandonadas. Ele continua a manifestar os sonhos que guarda no coração e na mente.

Somos nós que determinamos nossa visão. Nós decidimos o que queremos, o que sonhamos, o que nos determinamos a alcançar. Gandhi viu uma Índia livre. Não importava que ninguém mais visse. Ele via. Somos livres para escolher nossos sonhos. Não há limites. Prosperidade pessoal, domínio profissional, perfeição atlética, realização familiar, relações enriquecedoras, paz e tranquilidade, saúde e bem-estar, deixar um legado: se podemos visualizar, podemos alcançar.

Um quadro de visão

John Assaraf, meu estimado amigo, empreendedor extraordinário e um dos professores do enorme best-seller *O segredo*, é mestre no uso da visão para dar vida aos sonhos. Vários anos atrás, eu estava visitando-o em sua casa, em San Diego, e ele me convidou para ir ao escritório, em cima da garagem, com vista para a piscina e a casa de hóspedes. Ele me mostrou um quadro de visão pendurado na parede acima da escrivaninha. Neste, havia fotos que ele recortara de coisas que queria ter e fazer. Ele discutiu o significado de várias imagens, o que levou a uma discussão sobre o poder da mente humana e nossa tendência natural a perseguir objetivos.

Voltamos para a casa principal e, enquanto víamos seus dois filhos, Noah e Keenan, brincando, John examinou em volta e perguntou se já havia me contado como ele viera morar nessa casa. Eu lhe falei que não, e ele fez um dos relatos sobre visualização mais incríveis que eu já ouvira. Explicou que a família se mudara várias vezes e que alguns dos pertences dele estavam em um depósito há anos quando eles se estabeleceram nessa nova casa. Ele descreveu como, logo depois de se mudar, ele e Keenan haviam aberto uma caixa com a etiqueta "quadros de visão". Nessa caixa, havia uma foto da casa onde eles estavam agora. Não era uma foto que *parecia* com a casa nova; era *exatamente* a casa. John me disse que recortara a fotografia de uma luxuosa revista de casas cinco anos antes, quando morava em Indiana, e a colara no quadro de visão. Na época, não sabia onde a casa dos sonhos se localizava ou quanto custava. O quadro de visão permanecera anos no depósito, mas ele comprara a mesma casa que visualizara e estava morando nela. Anos depois de eu ouvir essa história John a contaria para ilustrar o princípio da lei da atração em *O segredo*. E mais tarde, no livro subsequente do qual é coautor, *The Answer*, ele mostrou como dar os passos para tornar os sonhos realidade.

Vendo além da adversidade

A visualização é a primeira chave para um futuro bem-sucedido. A melhor maneira de prever o futuro é vê-lo, e, em seguida, criá-lo. Foi o escultor Michelangelo, um conterrâneo de Da Vinci, quem disse: "Em cada bloco de mármore eu vejo uma estátua tão claramente como se ela estivesse diante de mim, modelada e perfeita em atitude e ação. Tenho apenas que talhar as paredes brutas que aprisionam a adorável aparição para revelá-la a outros olhos como os meus a veem."

Às vezes, o mármore que esculpimos quando enfrentamos obstáculos e desafios em nossas vidas é maleável, e, outras vezes, é duro. Por mais difícil que seja, conseguir ver o que está à frente impulsiona a capacidade de perseverar e prevalecer.

Um exemplo notável disso é a vida de um escultor contemporâneo, Gary Lee Price. Por causa de suas habilidades e de seus dons únicos, Gary recebeu a encomenda de esculpir a Estátua da Responsabilidade conforme imaginada por Viktor Frankl, um monumento que um dia complementará a Estátua da Liberdade. O protótipo da escultura que Gary criou mostra duas mãos segurando firmemente uma à outra, uma delas se estendendo a partir de baixo e a outra, de cima, simbolizando a responsabilidade que temos um com o outro.

Quando estava na Áustria para mostrar um modelo da estátua à família do Dr. Frankl, esse talentoso artista falou sobre a jornada dele pelos campos da adversidade.

Estar na Europa, disse ele, trouxe-lhe de volta lembranças pessoais profundas que eram terrivelmente dolorosas e, ainda assim, calorosamente reconfortantes pelo fato de que todas as grandes realizações começam com sonhos.

Gary tinha apenas 6 anos quando morava com a mãe e o padrasto em um alojamento militar americano na Alemanha, onde o padrasto estava baseado. Ele recordou que a mãe notou o dom dele para o desenho e o incentivou desde criança a desenvolver esse talento.

— Minha mãe segurava minha mão e me ensinava a fazer movimentos com lápis de cor — disse Gary. — Ela me dizia frequentemente que eu tinha um dom. Elogiava-me e me assegurava que eu criaria grandes obras de arte.

Então, certa noite, horas depois de ter ido dormir, Gary acordou com gritos. Por todos esses anos, ele relembrou com detalhes amargos como correu para o quarto justamente quando o padrasto apontava uma arma para a mãe e apertava o gatilho. Ele viu os olhos claros dela se fechando enquanto ela morria na sua frente, e em seguida viu, com mais horror, quando o padrasto virou a arma para si mesmo. Demoraria anos, reconheceu Gary, para ele conseguir superar completamente essa experiência traumática. Mas, com o tempo, e com a maturidade, ele percebeu que a parte duradoura da lembrança da mãe não era a morte trágica, mas sim a visão que ela guardou para ele: que ele realmente tinha um dom para ser um grande artista e, não importava o que acontecesse, ele não deveria nunca abandonar esse talento.

Saber da vida de Viktor Frankl, um homem que se recusou a ser derrotado pela humilhação da brutalidade nazista, só fez Gary reconhecer ainda mais a importância de aceitar as circunstâncias da vida e encontrar sentido nelas, e não apesar delas.

— Eu não mudaria nada em meu passado — disse ele. — Eu, assim como Viktor, sou um otimista. Não há uma única coisa que eu mudaria em minha vida ou cancelaria durante aqueles anos de tragédia e sofrimento. Por quê? Porque gosto de quem eu me tornei e daquilo com o qual sou abençoado e do qual desfruto diariamente. Qualquer dor ou sofrimento passado ajudou a me moldar e me formar como uma pessoa que pode promover o bem no mundo. Através da minha consciência como artista, eu crio uma escultura que eleva e inspira os outros.

Gary foi capaz de construir sentido a partir da visão que a mãe teve para ele, e agora seu trabalho artístico é exibido em alguns dos lugares mais proeminentes e em algumas das galerias mais prestigiadas no mundo.

Gary demonstra uma resiliência genuína na vida. "Resiliência" deriva da palavra latina *"resilire"*. *"Re"* significa *de novo* e *"salire"* é *saltar*. Quando somos resilientes, *saltamos de novo* após sermos derrubados. Se não conseguimos nos recuperar de reveses e decepções, nunca seremos capazes de visualizar nosso verdadeiro potencial.

Aproveitando a adversidade

Coisas ruins acontecem com todos nós em um momento ou outro. Qualquer pessoa que tem sentidos, que respira, toca, sente cheiros e gostos, já teve que suportar alguma dificuldade, algo penoso, algo tão terrível que parece ter a capacidade de extinguir a própria vida. Quando seguimos nosso caminho e buscamos realizar nosso propósito, inevitavelmente temos decepções que nos derrubam.

Na obra pioneira sobre adversidade e resiliência, *Adversity Quotient: Turning Obstacles into Opportunities*, o Dr. Paul Stoltz sugere que podemos fazer duas coisas quando a adversidade atravessa nosso caminho. Podemos ver a vida como se estivéssemos em um poço, como se tivessem puxado nosso tapete e caíssemos em um buraco profundo de onde não conseguimos sair. Ou podemos manter a visão clara sobre o que é nossa vida, saber qual é o nosso propósito e aproveitar essa adversidade para nos lançarmos até um terreno mais elevado.

Se temos uma visão suficientemente forte e clara, se não vemos simplesmente com nossos olhos, mas sentimos com nosso coração e raciocinamos com nossa mente, podemos superar qualquer coisa — e o faremos.

Viva a vida em um crescendo

Como em qualquer coisa que vale a pena, ver a vida através da lente clara do *Sapere Vedere* exige persistência e diligência.

O Dr. Stephen R. Covey, um mentor de confiança, compartilhou comigo recentemente seu lema pessoal para manter a visão clara.

O lema: *Viva a vida em um crescendo.*

Perguntei a ele o que isso significa.

— Viver a vida em um crescendo é olhar para a frente. Significa que sua maior obra e sua contribuição estão sempre à frente. A filosofia enfatiza a contribuição. Enquanto a conquista tem um começo e um fim, a contribuição é contínua e permanente. Se você foca na contribuição, e não na conquista — concluiu ele —, irá ainda além de seus sonhos mais loucos.

Curiosamente, "crescendo" deriva de "*crescere*", uma palavra italiana surgida no século XVIII que significa *aumentar* ou *crescer*.

Da Vinci ficaria orgulhoso.

Pensamentos sobre *Sapere Vedere* em meu diário

O dia está claro como cristal em Dana Point e consigo ver a ilha Catalina a distância.

Lembro-me de uma história sobre uma mulher notável de nome Florence Chadwick que, em 4 de julho de 1952, entrou nas águas da ilha Catalina com a intenção de se tornar a primeira mulher a nadar da ilha até a costa da Califórnia. Depois de 15 horas nadando, um nevoeiro denso se formou, e ela começou a duvidar de sua capacidade de continuar. Animada pelo incentivo de sua mãe e de seu treinador, que seguiam ao seu lado em um barco de apoio, ela continuou por quase uma hora até que finalmente sucumbiu à fadiga e à exaustão. O nevoeiro se foi logo depois de Florence sair da água, revelando a praia a menos de oitocentos metros de distância.

Horas depois, ela lamentou a um repórter: "Se eu pudesse ter visto a terra, sei que teria conseguido!"

Florence tentou de novo dois meses depois, desta vez com uma clara imagem do litoral impressa no coração e na mente. Apesar do mesmo nevoeiro denso, ela se tornou a primeira mulher a cruzar a nado o canal Catalina, superando o recorde masculino em duas horas.

Eu não gostaria de embarcar em uma jornada se não pudesse ver meu caminho claramente até o fim.

A clareza capacita. Henry David Thoreau disse: "Vá com confiança na direção de seus sonhos."

Criar uma imagem clara de um resultado final permite a sua conquista. Quando eu o vejo, eu o sou, eu o faço e, no devido tempo, eu o terei.

Como Aristóteles ensinou: "A alma nunca pensa sem uma imagem." Quando eu mostro ao universo que sei ver, o universo faz com que meus sonhos se realizem.

IDENTIFIQUE E HOMENAGEIE UM PRATICANTE DE *Sapere Vedere*

SELECIONE alguém que você conheça cujo comportamento melhor reflita *Sapere Vedere*.

ESCREVA o nome dessa pessoa no quadro abaixo.

PROCURE essa pessoa, ensine a ela o significado de "*Sapere Vedere*" e explique por que ela personifica essas palavras.

CAPÍTULO SEIS

Humildade

Para manter uma lamparina acesa
temos que continuar colocando óleo nela.

— MADRE TERESA

Humildade é uma das palavras menos compreendidas do mundo. Ela não significa ser passivo ou submisso, nem é demonstrada por ombros caídos, cabeças curvadas e olhares subservientes. Trata-se de se deixar ser ensinado e treinado. Implica um compromisso contínuo com o aprendizado, o crescimento e a expansão. É viver a vida em um crescendo, com ombros para trás e cabeça erguida, enquanto procuramos nos tornar o melhor possível, e depois nos oferecemos para ajudar outros a fazer o mesmo. E, então, começamos de novo!

A humildade é o eixo da roda, o cerne sólido entre o autodomínio e a liderança. E ela está aqui, no meio do livro, para ligar as palavras dos cinco primeiros capítulos — palavras de autodescoberta e desenvolvimento pessoal — com as palavras apresentadas nos últimos cinco capítulos — palavras que nos permitem ajudar, inspirar e, potencialmente, liderar outros. Só podemos influenciar depois de sermos influenciados. Só podemos mudar o mundo depois de sermos mudados.

Através da humildade essa transição pode acontecer.

A origem de "humildade" é a palavra latina "*humus*", que significa "solo", especificamente um solo rico, escuro e orgânico. Quando uma semente é plantada em solo fértil, transforma-se em algo muito maior. A glande se torna um carvalho. A menor das sementes, quando plantada com cuidado na primavera, torna-se uma colheita abundante no outono. Tudo isso começa com a qualidade nutriente do solo — o húmus.

Quando temos húmus suficiente em nossas vidas, crescemos e nos desenvolvemos, e estimulamos aqueles que estão à nossa volta a florescer. Humildade produz crescimento.

A CHAVE PARA O CRESCIMENTO

O crescimento pode ocorrer de várias formas. A abundância raramente é produzida por meio de um solo estéril e endurecido. Uma safra fértil dificilmente é produto de uma horta que não recebeu cuidados e cresceu demais. Podemos crescer e aprender desaprendendo, liberando uma coisa velha para abrir espaço para algo novo. Há momentos de adicionar nutrientes extras para cultivar o crescimento. Uma colheita farta é precedida de uma aragem, um plantio e uma poda cuidadosos.

Quando desenvolvemos nossos dons, efetivamente os desembrulhamos e os revelamos para o benefício de todos, inclusive de nós mesmos. Nossos dons e talentos aumentam quando nutrimos nossa natureza. Por outro lado, quando fingimos que não a conhecemos, impedimos que oportunidades promissoras se desenvolvam e expandam os dons que temos. Um jardim retribui o amor e os cuidados que recebe do jardineiro. Desenvolver-se é amar a si mesmo.

Possibilidades ilimitadas esperam por aqueles que têm a humildade de admitir que não sabem tudo. Encontra-se a prosperidade cultivando uma atitude de aprendizado por toda a vida.

"Sucesso" e "humildade" não são termos comumente substituídos um pelo outro, mas estão intimamente ligados. Assim como em "humildade", as raízes etimológicas de "sucesso" vêm do solo. "Sucesso" vem do latim *succeder*", e significa *surgir*. A parte do meio da palavra, *"ce"*, provém de "semente". Quando uma semente brota na terra, ou no húmus, e chega à luz do dia, ela segue um caminho do sucesso e da sucessão. Surgir é ter sucesso. E a única maneira de surgir é tirando proveito do rico húmus. Plantamos sementes de sucesso ficando assentados e arraigados na humildade. Não há verdadeira humildade sem sucesso e não há verdadeiro sucesso sem humildade.

Tardes com Arthur

Lembro-me da tarde em que Arthur, sem perceber, me ensinou sobre humildade e reforçou que nunca é tarde demais para embarcar em uma viagem de autoaperfeiçoamento. Eu estava correndo, atrasado para nossa sessão de estudo das palavras. Quando finalmente cheguei à casa de repouso e caminhei pelo corredor até o quarto de Arthur, lá estava ele, sentado em uma cadeira na entrada, esperando por mim. Arthur tinha um livro nas mãos. Olhei o título quando ele o fechou: *Encantado*. Superficialmente, era um título instigante, sugerindo um livro de mistério, talvez, ou outro tipo de suspense.

Em seguida, li o subtítulo: *As surpreendentes origens e os segredos impressionantes da ortografia inglesa.*

Ali estava o maior etimologista que conheci, um literato sem igual e, mesmo com mais de 90 anos, estava lendo um livro sobre ortografia. O professor é — e sempre será — primeiramente um estudante.

Brinquei com Arthur, enquanto ele caminhava para o "escritório" — a cadeira reclinável no canto do quarto —, sobre aquela opção de leitura. Sem deixar escapar nada, respondeu:

— A mestria é uma busca de uma vida inteira.

Ele prosseguiu falando sobre a palavra "mestre" e, de uma maneira que só ele sabia fazer, deu-lhe vida. Ele tinha o dom de pegar palavras facilmente reconhecíveis e de uso comum e revelar o sentido original obscurecido pelas camadas do tempo.

Um mestre não se tornava um mestre da noite para o dia, explicou. Havia um processo. Primeiro, era preciso se tornar um aprendiz, depois um artífice e, finalmente, um mestre.

Aprendiz. Artífice. Mestre. Estas três palavras ilustram a importância de dar passos fundamentais e necessários para adquirir o tipo de humildade proporcional à verdadeira liderança.

Arthur ficou bastante animado, como se estivesse prestes a revelar uma verdade muito antiga.

— Você sabe a origem de "aprendiz"? — perguntou, ensinando em seguida que a palavra vem do francês "*appendre*", que significa *aprender*.

Nos tempos antigos, contou ele, aprendiz era o nome que se dava a alguém que escolhia um ofício e, em seguida, encontrava um mestre na vila para lhe ensinar as habilidades necessárias para a vocação escolhida. Depois de aprender tudo o que podia com o mestre local, o aprendiz viajava para outro lugar a fim de ampliar sua educação.

Lançar-se nessa viagem transformava o aprendiz em um artífice. Um artífice, muitas vezes, viajava longas distâncias pelo privilégio de trabalhar com o mestre que podia lhe dar a melhor ajuda para aperfeiçoar sua arte. Com o passar do tempo, o artífice se tornava ele próprio um mestre — e ficava em posição de iniciar todo o ciclo novamente.

— No entanto, um mestre nunca para de aprender — observou Arthur. — Não importa quantos artífices ele possa instruir, um verdadeiro mestre continua a ampliar e expandir sua arte até o dia em que morre.

Ninguém era um exemplo mais perfeito de mestria do que o mestre com o qual eu estava falando. Quando era professor em tempo integral e chefe do departamento de línguas da universidade, ele certa vez tirou um período sabático para se matricular como estudante na Georgetown University, onde estudou latim e grego com um renomado padre jesuíta.

No estudo, Arthur contaria essas experiências como um jogador de beisebol relembrando seus *homeruns*. Em uma viagem de verão à Noruega, recordou, ele bateu à porta da University of Oslo e perguntou quais eram os horários dos cursos de norueguês. Explicaram que tinham um curso para iniciantes de manhã, um curso para intermediários à tarde e um curso avançado à noite.

"Ótimo", disse Arthur. "Vou fazer os três." De maneira impressionante, poucos meses depois de voltar, ele havia escrito e publicado um livro sobre aprender norueguês.

A insaciável sede de conhecimento de Arthur lhe permitiu florescer no inverno de sua vida. Ele é um exemplo perfeito do significado da palavra "mestre", e constantemente reflito sobre como tenho sorte por ter sido "aprendiz" dele.

Ganhadores são aprendizes

As palavras de Arthur me fizeram lembrar de um estudo que realizamos quando eu era chefe da divisão de vendas e treinamento da Franklin. Queríamos descobrir o que diferenciava nossos principais produtores — aqueles que ganhavam várias centenas de milhares de dólares por ano — daqueles que ganhavam um décimo disso. O que os tornava únicos? O que diferenciava um profissional de vendas "mestre" — um grande ganhador — de um ganhador mínimo?

Trouxemos uma empresa de consultoria para determinar a diferença e, depois de horas de entrevistas e semanas de pesquisa, os consultores resumiram as descobertas em três palavras: ganhadores são aprendizes.

Nossos profissionais que tinham melhor desempenho eram, sem exceção, aprendizes ávidos e dedicados. Estavam constantemente adquirindo novas informações e usando-as. Descobrimos que todos eles liam mais de uma dúzia de livros por ano. Não se cansavam de educar a si mesmos em uma diversidade de tópicos — principalmente as necessidades dos clientes. Parecia que conheciam os clientes melhor do que os clientes conheciam a si mesmos. Nossos melhores vendedores conheciam profundamente nossa linha de produtos, assim como as características e os benefícios específicos de cada um deles. Embora estivessem no topo da carreira, e fossem aqueles que eram respeitados ou invejados por todos os outros da empresa, nenhum deles achava que sabia tudo. Eles demonstravam humildade, buscando continuamente aprender mais, aspirando alcançar sempre um novo nível de experiência e especialização.

Um líder humilde

Quando eu trabalhava como consultor na indústria de hospitalidade, conheci Norman Brinker, um multimilionário modesto e extraordinário dono de restaurante. Nada em Norman indicava a enorme riqueza e a influência dele. Ele não era nem arrogante nem reservado. Eu me vi na casa dele em Dallas em uma manhã de segunda-feira, convidado para um café da manhã antes de tomar um avião mais tarde, naquele mesmo dia.

Eu conhecia a história de Norman. Ele cresceu praticamente sem um centavo em Roswell, Novo México. O primeiro emprego dele foi como entregador de jornais, trabalho que fazia de bicicleta, depois a cavalo e, finalmente, de carro, quando a clientela rural aumentou. De algum modo, ele foi desse início de vida modesto para uma vida de realizações icônicas. Foi equitador olímpico e competiu também em pentatlo moderno — uma prova que envolve corrida, tiro, equitação, esgrima e natação — em campeonatos mundiais. Tornou-se um filantropo famoso. E como homem de negócios e pioneiro na fundação da indústria de restaurantes informais tinha poucos colegas.

Norman sempre me inspirou com seu entusiasmo e gosto pela vida. Não houve uma única fase de sua vida em que não mergulhasse de cabeça.

Naquele dia, eu tinha uma longa lista de perguntas catalogadas em minha mente que eu queria fazer ao grande Norman Brinker. Como ele revolucionou a indústria de restaurantes? Como transformou um punhado de restaurantes na multibilionária Brinker International, uma holding de redes tão populares quanto Chili's, Romano's Macaroni Grill, On The Border Mexican Grill e Maggiano's Little Italy? Como ele criou uma cultura empresarial tão vibrante, inovadora e relevante? Como sabia que os americanos reagiriam com tanto entusiasmo ao ambiente dos restaurantes casuais? Como e por que idealizou o primeiro bar de saladas? Como aperfeiçoou os restaurantes Chili's para servir *fajitas* frescas e quentinhas? Como o envolvimento dele angariou um apoio tão amplo ao lançamento da Susan G. Komen Breast Cancer Foundation, uma das organizações sem fins lucrativos de maior sucesso no mundo?

Mas não consegui fazer nenhuma pergunta. Por quê? Porque Norman fez todas. Queria saber sobre minha vida, sobre meus objetivos e sonhos, sobre meus interesses e realizações. Era tão perguntador quanto uma criança curiosa.

Amigos próximos e associados atestaram que ele era assim com todo mundo que conhecia — nunca dominador ou autocrático; um homem bem mais interessado nos outros do que em si mesmo; que ouvia mais do que falava. Ele estimulava a si mesmo estimulando os outros; aperfeiçoava a si mesmo aperfeiçoando os outros.

Dezenas de executivos que aprenderam com ele e observaram sua liderança humilde o usaram como exemplo para obter um sucesso semelhante. Esses CEOs hoje lideram empresas de capital aberto como Chili's, Outback Steakhouse, P.F. Chang's, Buca di Beppo, T.G.I. Friday's e Pei Wei Asian Diner, para citar apenas algumas. Eles têm uma coisa em comum: todos brotaram do solo fértil que era a vida de Norman Brinker.

O HÁBITO DA HUMILDADE

Um dos grandes mestres de minha vida é o Dr. Stephen R. Covey. Foi ele quem me ensinou que a humildade é a "mãe de todas as virtudes". O apoio generoso e firme dele foi importante para o desenvolvimento deste livro. Ele personifica muitas facetas dessa joia preciosa da Terra que chamamos de humildade. Durante uma discussão de uma palavra ou significado únicos não é raro ouvi-lo perguntando:

— Como se soletra essa palavra? O que ela significa mesmo? De onde ela vem?

Embora seja considerado um dos maiores líderes de opinião atuais, Stephen ainda reconhece a necessidade de vitórias privadas, internas, alcançadas por meio de autodesenvolvimento diário. Não é raro entrar na casa dele e encontrar pilhas de livros no escritório, na sala, na cozinha e até ao lado da banheira. Esses montes de papéis marcam o caminho de um leitor assíduo que frequentemente lê mais de um livro por dia. Mais uma vez corroborando os resultados da pesquisa de nossa equipe de vendas na Franklin, leitores são líderes e líderes são leitores.

O homem que a revista *Time* reconheceu como "um dos 25 americanos mais influentes de nossa época" mostra diariamente que um influenciador precisa primeiramente ser influenciado. O homem que nos ensinou *Os 7 hábitos das pessoas altamente eficazes* fez da humildade o hábito central de sua vida.

Viver a vida em um crescendo é muito mais do que um simples lema para Stephen. Ele já tem uma idade avançada e ainda está discursando, ensinando, aprendendo e praticando a humildade a cada dia. Isso é um hábito; é um modo de viver, aprender e se aprimorar constantemente; é humildade. E não deveria ser surpresa alguma que um companheiro cultivador de húmus, Norman Brinker, tenha atribuído grande parte de seu sucesso profissional a lições poderosas ensinadas em primeira mão por um professor de nome Stephen Covey.

Ensinar é *mostrar*. Você não pode ensinar o que não sabe. Não pode guiar para onde você não vai. E não pode cultivar o que não semeia.

PLANTE A SEMENTE

A aparição inesperada do Dr. Gerald Bell em meu caminho nas florestas de Wyoming, mencionada anteriormente, levou a várias conversas entre nós que me ensinaram sobre a ligação entre humildade e estabelecimento de objetivo. O exaustivo estudo de Gerald sobre executivos aposentados — ele o chamou de "Estudo dos 4 mil" — levou milhares de horas para ser concluído. As pessoas pesquisadas tinham em média 70 anos de idade, e quando lhes perguntaram o que fariam de diferente se pudessem voltar no tempo, responderam com profundo remorso o fato de não terem um plano melhor para a vida. As respostas que ele recebeu eram significativas: "A vida não é treino, é a coisa real.", "Eu deveria ter assumido o controle sobre minha vida estabelecendo objetivos.", "Eu teria dedicado mais tempo ao meu desenvolvimento pessoal.", "Eu teria planejado melhor minha carreira."

Planejamento requer intenção e preparação. Planejar é *plantar*. Precisamos, primeiro, plantar uma semente para ela ter chance de crescer. Contrariando a opinião popular, é preciso verdadeira humildade para primeiro planejar e depois ir em frente e alcançar objetivos que valem a pena. Aqueles que adotam uma falsa humildade — sem buscar o que merecem, sem estar à altura de seu potencial e sem reconhecer a medida completa de seu talento — suportam humilhação, a própria antítese de humildade.

MENTE DE INICIANTE

No Oriente, grandes mestres desenvolveram uma acuidade que chamam de "mente de iniciante". No mundo das artes marciais, uma faixa preta — símbolo que o Ocidente comumente associa a uma grande realização — significa um iniciante sério. A perspectiva é descrita em uma única palavra: "*shoshin*". A palavra e seus caracteres antigos representam uma atitude de abertura e avidez. O professor de zen Shunryo Suzuki-roshi explicou:

— Na mente do iniciante há muitas possibilidades, mas na mente do especialista há poucas.

Praticantes de *shoshin* se comprometem a não carregar qualquer preconceito ao estudar um assunto. Mesmo em um nível avançado, eles abordam o objeto como um iniciante o faria.

Desenvolver *shoshin* exige tempo, paciência e disposição para ouvir, observar e aprender com aqueles que aparecem no caminho. Em Viena, onde me ensinou a palavra "*Genshai*", Pravin Cherkoori proclamou:

— A vida não é mágica? Veja o que acontece quando você se vê como um balde vazio e vê cada pessoa que encontra como um poço — e você põe seu balde embaixo da torneira que sai do poço. Todos os nutrientes que sustentam a vida e produzem crescimento fluem diretamente para seu balde.

Pensamentos sobre *Humildade* em meu diário

Eu mudo enquanto enfrento e venço desafios.

Mudar é curvar ou se adaptar.

Uma semente antes dormente se transforma em uma muda que se curva e se vira enquanto brota na terra para realizar seu propósito.

Desafios criam mudanças e mudanças promovem crescimento.

Estabelecer objetivos é uma maneira de criar intencionalmente desafios.

Os objetivos, assim como a água, têm o poder de me sustentar. Objetivos bem-planejados me dão o poder de passar por cima e por baixo de obstáculos e de contorná-los.

Dons e talentos fornecem o combustível para alcançar um objetivo, mas, se não for desenvolvido, o dom se deteriora. Esta é a lei da atrofia: use-o ou perca-o. Atrofia significa definhar. Os talentos, assim como os músculos, definham com a falta de uso. Quando os músculos são desafiados e esticados, crescem mais fortes.

Resista e se expanda... Mude e cresça... Estique-se e desenvolva-se... Essa é a verdadeira essência da humildade.

Identificando meus dons específicos, é muito provável que eu me expanda, que eu embarque numa jornada de automestria e torne minha vida uma obra-prima.

Como ensinou o dramaturgo inglês Philip Massinger: "Aquele que governa outros deve, primeiro, ser mestre de si mesmo."

Identifique e homenageie um exemplo de
Humildade

SELECIONE alguém que você conheça cujo comportamento melhor reflita a verdadeira humildade.

ESCREVA o nome dessa pessoa no quadro abaixo

PROCURE essa pessoa, ensine a ela o significado da palavra "Humildade" e explique por que ela personifica essa palavra.

CAPÍTULO SETE

Inspire

Na vida de todo mundo, em algum momento, o fogo interno se apaga. Então é aceso de novo repentinamente por um encontro com outro ser humano.

— ALBERT SCHWEITZER

Art Berg parecia ser a fonte de inspiração mais improvável quando entrou de cadeira de rodas na sala de treinamento do Baltimore Ravens.

Era o fim do verão do ano 2000, e membros da Liga Nacional de Futebol Americano estavam em pleno "dois por dia", aquela fase cansativa do treinamento em que todo dia são realizados dois treinos, de manhã e à tarde, preparando-se arduamente para a temporada.

Art fora convocado pelo então treinador-chefe do Ravens, Brian Billick, para falar com o time antes dos exercícios daquela manhã. Ainda não eram 8 horas quando ele se colocou na frente da sala, diante de um grupo de homens grandes afundados em cadeiras dobráveis, em graus variados de consciência, bolsas de gelo e esparadrapos pregados em seus joelhos e tornozelos. A linguagem corporal deles — tanto quanto conseguiam se comunicar àquela hora do dia — gritava indiferença. Seus rostos pareciam vazios. Desde a infância esses homens ouviam discursos daquele tipo, destinados a motivá-los e a exigir mais de seus significativos talentos físicos. O que esse homem sentado em uma cadeira de rodas poderia dizer que eles já não tivessem ouvido? Como ele poderia inspirá-los mais do que já haviam sido inspirados?

Então Art lhes contou sua história: ele estava prestes a se casar quando sofreu o acidente que o deixou tetraplégico. A luta durante anos de desafios, dor e reveses até receber alta no hospital e se casar com a mulher de seus sonhos. Como precisou reaprender as tarefas básicas — escovar os dentes, calçar os sapatos — sem usar os braços e as pernas. Como teve que suportar decepções e desenvolver um tipo de paciência que ele não tinha a menor ideia de que existia.

Ele tinha 21 anos quando isso aconteceu, não era muito mais novo do que a maioria dos jogadores. Em um minuto, ele era passageiro de um carro que corria pelo deserto de Nevada e, no minuto seguinte, esse carro estava virando de ponta a ponta, cada volta assegurando ainda mais que a vida robusta e atlética que ele conhecia, acabara. Quando acordou no hospital, o movimento dos olhos era maior do que todos os outros movimentos. Ele teve força de vontade para se arrastar um centímetro de cada vez. Levaria meses para conseguir até mesmo sentar-se em uma cadeira de rodas, e outros meses para conseguir se mover para a frente.

Quando os tempos ficavam mais sombrios, Art disse aos jogadores, ele lia um poema de um autor inglês, William Ernest Henley, que silenciou aquela incessante voz interna de maldição que lhe assegurava que tudo estava perdido.

O poema, intitulado *Invictus*, incluía esta estrofe:

Não importa quão estreito seja o portão,
Quão carregada de castigos seja a sentença,
Sou o mestre do meu destino,
Sou o capitão da minha alma.

— Cabe a você decidir o que quer realizar — desafiou Art. — A você e *só você.*

O objetivo de Art quando ele acordou curvado e quebrado no hospital foi tornar-se um campeão em tudo que podia fazer. Ele podia se tornar independente. Podia se casar com a namorada. Podia ter uma família. Podia dirigir o carro e comandar a vida. Podia escrever livros que ajudariam e inspirariam outras pessoas. Podia se tornar um dos oradores inspiracionais mais procurados do país e estar em posição de lembrar a atletas muito talentosos que eles podiam ser qualquer coisa que quisessem. Ele também podia, e fez.

INVICTUS

Os Ravens estavam saindo de uma temporada medíocre, e havia motivos de sobra — lesões, problemas pessoais, outros times com talento supostamente maior — para presumir que a temporada não seria nem um pouco diferente. Mas isso não significava que eles tinham de aceitar um resultado que outros haviam previsto para eles, que eles não podiam superar a dúvida que pairava sobre eles. Art definiu *"invictus"*, uma palavra latina para "inconquistável", "indômito", "invencível". Se seu objetivo é ganhar o Super Bowl e ser coroado como o melhor time de futebol americano, enfatizou Art, *você* é o mestre desse destino.

Quando os jogadores deixaram a sala em silêncio, Art não sabia ao certo como a mensagem havia sido recebida. O dono do time pediu a ele que ficasse e assistisse a um jogo da pré-temporada antes de tomar um avião para casa. Os Ravens estavam perdendo por uma grande diferença. O dono se virou para Art e disse:

— Se de algum modo voltarmos, vou pôr *Invictus* no placar de pontos.

Cavando mais, os Ravens reagiram e ganharam o jogo. Depois, tendo *Invictus* como grito de torcida, o time começou a temporada regular vencendo cinco dos seis primeiros jogos.

Porém, após isso, eles perderam o foco e, consequentemente, os três jogos consecutivos.

Os Ravens enviaram um sinal de agonia a Art Berg.

— Queríamos saber se você poderia voltar e falar com o time de novo — disse o treinador Billick.

Art e sua cadeira de rodas voaram para Baltimore e encontraram uma plateia bem mais receptiva do que a que o recebera no campo de treinamento. Os jogadores reunidos à sua frente estavam ávidos pelas palavras dele. Haviam escutado sua mensagem de incentivo antes, mas *agora* estavam realmente escutando.

Art lembrou a eles o poder de *Invictus*. Reforçou as chaves para o sucesso. Não deem ouvidos aos críticos. Não prestem atenção a todos os motivos pelos quais vocês não podem alcançar seu objetivo. Concentrem-se em suas forças, e não em suas fraquezas. É o chamado de vocês. Sejam inconquistáveis, indômitos, invencíveis. Invictos.

Os Baltimore Ravens venceram todos os outros jogos do resto da temporada, e na pós-temporada continuaram invencíveis. Quando a fumaça se dissipou no Super Bowl, o placar era Baltimore 34 *versus* Nova York 7. Contrariando prolongadas probabilidades, inúmeras críticas e suas próprias dúvidas quando a temporada começara, os Baltimore Ravens foram os campeões do mundo no futebol americano.

Depois da vitória no Super Bowl, Art foi convocado de novo para ir a Baltimore, mas dessa vez não como orador. Era o banquete da premiação do time, e havia algo que os jogadores queriam que ele tivesse: o anel do Super Bowl. O homem que não podia mexer os braços ou as pernas, mas que os inspirara a vencer o campeonato mundial, era o jogador mais valioso que eles tinham. Para provar isso, uma única palavra foi gravada dos dois lados dos anéis do Super Bowl: INVICTUS.

Uma verdadeira inspiração

Conheci Art Berg pouco depois do acidente que o deixou paralisado, e eu o vi se transformando em um campeão que tinha um impacto positivo sobre tudo e todos que tocava.

Foi Art quem inspirou Chad Hymas — o jovem cuja história conhecemos no Capítulo 4 — a lidar com a paralisia e alcançar objetivos pessoais. Dois meses antes do acidente que custou a Chad o movimento dos braços e das pernas, Art estava fazendo um discurso em uma convenção de negócios no Texas. Na plateia estava Kelly Hymas, pai de Chad. Kelly ficou tão comovido com a mensagem de Art que comprou um exemplar do livro dele antes de tomar um avião de volta para casa.

Quando Chad acordou paralítico no hospital, Kelly assegurou que um exemplar do livro de Art, *The Impossible Just Takes a Little Longer: Living with Purpose and Passion* estivesse ao lado de sua cama. Depois de ler o livro, Chad escreveu para Art e perguntou se ele podia visitá-lo no hospital. Dias depois, sem avisar, Art entrou com a cadeira de rodas na unidade de tetraplégicos do hospital onde Chad e outros estavam se recuperando.

Sem dizer uma palavra, Art pulou da cadeira para uma cama e começou a demonstrar como um tetraplégico se vestia de manhã. Usando os braços, o queixo e outras contorções do corpo que sua plateia nunca havia imaginado nem considerado, ele estava tirando as roupas e vestindo-as de volta diante deles com uma velocidade inacreditável. *Vocês podem fazer isso também!* foi a mensagem que transmitiu.

— Foi a coisa mais incrível — maravilhou-se Chad. — Ele simplesmente apareceu, sem avisar, e começou a fazer coisas que achávamos que eram impossíveis.

Daquele momento em diante, Chad viu o mundo sob uma luz diferente, muito mais clara. O futuro de repente parecia promissor, as possibilidades eram intermináveis. Um homem que vivia sob circunstâncias que não eram diferentes das dele, que enfrentava os mesmos obstáculos e restrições intimidadores, havia lhe mostrado horizontes que ele não sabia que existiam.

Art morreu não muito tempo depois de conhecer Chad, devido a complicações causadas por medicamentos. Em homenagem à vida de Art, Chad resolveu fazer tudo o que podia para seguir o exemplo do seu mentor e tentar servir a outros e inspirá-los assim como Art servira a ele e o inspirara. Quando Chad percorreu 835 quilômetros em uma cadeira de rodas, foi o recorde de Art, de 523 quilômetros, que ele quebrou. Ele comprou a van adaptada de Art para viajar sozinho. E trabalhou incansavelmente para se tornar um orador capaz de sustentar a família, assim como Art sustentara a dele.

Depois de anos de esforços, a Associação Nacional de Oradores deu a Chad Hymas um certificado de orador profissional, status concedido a apenas alguns oradores americanos importantes, incluindo Art Berg.

Em todo lugar onde fala, Chad homenageia seu mentor, e onde quer que se refiram a ele próprio como orador *motivacional*, ele rapidamente corrige essa designação.

— Eu sou um orador *inspiracional* — insiste. E ele foi ensinado a sê-lo pelo melhor deles.

Tardes com Arthur

Arthur inspirou fundo. Em seguida, prendeu a respiração. Eu não sabia muito bem que limite ele estava tentando transpor, mas fiquei aliviado quando ele exalou e começou a respirar novamente.

Ele estava me ensinando o significado da palavra "inspirar", que vem do latim *"inspirare"*. *"Spirare"*, instruiu ele, significa "respirar", e *"in"* significa "dentro". Inspirar é "respirar para dentro".

O mestre das palavras explicou que quando respiramos vida dentro de outra vida, inspiramos suas esperanças, seus objetivos e seus sonhos. Respiramos vida dentro dela, assim como nosso Criador respirou vida dentro de nosso espírito primeiro.

Mas quando tiramos o ar de outra pessoa, expiramos suas esperanças, seus objetivos e seus sonhos.

Assim, podemos respirar vida dentro de alguém ou sugá-la para fora — inspirar ou expirar, a escolha é nossa.

Eu ficava constantemente impressionado com a capacidade de Arthur de dar vida às palavras — e com a capacidade que as próprias palavras tinham de lhe dar vida. Nossas sessões à tarde começavam invariavelmente com Arthur se sentando em sua cadeira favorita e relaxando, tranquilo. Quando mencionei a palavra "inspirar", ele ficou imediatamente animado, agitando as mãos e os braços — o próprio retrato da energia e do entusiasmo.

Depois de ilustrar para mim o significado de "inspirar" prendendo a respiração, Arthur começou a falar sobre uma palavra relacionada. A palavra era "encorajar". "*Coeur*", nas línguas românicas, significa coração, explicou ele, fazendo um gesto junto ao órgão. Quando você "encoraja", você *acrescenta algo ao coração de alguém*. E quando você desencoraja, você *tira do coração de alguém*.

Pode-se pensar naqueles que inspiram e encorajam, continuou Arthur, como apreciadores, aqueles que aumentam o valor, enquanto os que expiram e desencorajam seriam os depreciadores, aqueles que reduzem o valor.

Arthur observou que, em inglês, as palavras que, assim como "apreciar", começam com "ap" geralmente significam *para cima* e *na direção de*. E palavras que começam com "de" geralmente significam *para baixo* e ou *para fora de*. Aqueles que apreciam seus próprios talentos e dons únicos, bem como os dos outros, criam um ciclo positivo. Aqueles que depreciam os mesmos talentos e dons giram esse ciclo para baixo.

Em cada encontro que temos com outro ser humano, temos a oportunidade de acrescentar algo em seu coração ou de rasgar parte dele. As palavras são a moeda de nossas trocas humanas. A habilidade que somos capazes de desenvolver com o uso apropriado das palavras pode nos dar grande poder e influência.

Um agasalho de elogios

Disse a poetisa Maya Angelou: "Aprendi que as pessoas esquecem o que você disse, esquecem o que você fez, mas nunca esquecem o que você as fez sentir."

Em seu best-seller *A força da intenção*, Wayne Dyer escreve sobre o efeito da bondade sobre o corpo humano. Cientistas que estudaram a atividade cerebral de indivíduos, quando eles realizavam um ato de bondade, encontraram níveis elevados de serotonina, uma substância química que o cérebro produz para fazer você se sentir bem e um ingrediente comum em remédios antidepressivos. Não foi só isso que eles encontraram. Naqueles que *recebiam* os atos de bondade, os pesquisadores registraram a mesma quantidade de serotonina encontrada naqueles que os *praticavam*. Determinou-se ainda que mesmo aqueles que *observavam* os atos de bondade produziam a mesma quantidade de serotonina.

Ambientes inspiradores são contagiantes. Poucas coisas são mais agradáveis do que sair do frio para o quente. Quando inspiramos e elogiamos os outros, é como se estivéssemos tirando-os do frio e envolvendo-os em um "agasalho de elogios".

Há uma cena inesquecível na minha mente. Eu estava pedalando tarde da noite no Doheny State Park e havia uma faixa de areia no Pacífico com bancos de piquenique e buracos para acender fogueiras. Em um desses lugares, uma família estava reunida para comemorar o aniversário de um menino. Uma fogueira crepitante iluminava os rostos de mais ou menos uma dúzia de pessoas em círculo. No centro havia um bolo de aniversário enfeitado com velas. Então meu olhar bateu no foco de atenção e admiração de todos: o aniversariante. O rosto do menino brilhava, iluminado como as velas sobre o bolo e a lenha queimando na fogueira. Não havia como se enganar com aquela expressão. Era uma expressão de alegria e afirmação puras e não adulteradas. Fiquei olhando para trás enquanto pedalava e me afastava, meu coração aquecido como se eu mesmo estivesse em volta daquele fogo participando da comemoração de aniversário.

Em inglês, a palavra "louvor" ou "elogio" — "*praise*" — vem do francês antigo, "*preiser*", que significa *preço* ou *valor*. Quando elogiamos os outros, acrescentamos valor a eles, à vida deles, aos sonhos deles. Nossas instituições de ensino superior reconhecem aqueles que se formam nos primeiros lugares da classe. O título *magna cum laude* significa *com grande louvor*, e *summa cum laude* significa com *o mais elevado louvor*. Formandos que recebem esse tipo de louvor deixam a escola com um sentimento de grande valor.

INSPIRE OU EXPIRE

Em seu pioneiro livro *As mensagens escondidas na água*, o pesquisador Masaru Emoto postula a teoria de que a água exposta a pensamentos e palavras positivas forma belos cristais, enquanto a água exposta a pensamentos e palavras negativos forma cristais distorcidos. Usando fotografias de alta velocidade, Emoto mostra como a água parece mudar de acordo com a natureza das palavras escritas ou faladas às quais é exposta.

Há mais de meio século, Napoleon Hill ensinou esse princípio atemporal: "Todo pensamento tem uma tendência a se vestir de seu equivalente físico."

Aprendemos quando crianças que "paus e pedras podem quebrar meus ossos, mas palavras nunca podem me ferir". Mas isso não é verdade. *Paus e pedras podem quebrar meus ossos, mas palavras podem quebrar meu coração.*

As palavras têm um tremendo poder para o bem ou para o mal. Elas podem inspirar ou expirar. A escolha é nossa. Podemos:

Escolher curar ou escolher ferir.
Escolher aceitar ou escolher rejeitar.
Escolher inspirar ou escolher expirar.
Escolher elogiar ou escolher criticar.
Escolher apreciar ou escolher depreciar.
Escolher encorajar ou escolher desencorajar.
Escolher focar nas forças ou escolher focar nas fraquezas.

Usar palavras e linguagens que elevam o espírito humano cria um novo paradigma de pensamento. Em vez de "O que posso *obter?*" nossa mentalidade muda para: "O que posso *dar?*"

O IMPRESSIONANTE CORAÇÃO

Nossos corpos são conectados para a vida, e tudo começa com o coração. Se pudéssemos estender de ponta a ponta a vasta rede de artérias, veias e vasos capilares que formam nosso sistema cardiovascular, esta cobriria cerca de 96.500 quilômetros — distância suficiente para dar a volta na Terra mais de duas vezes. No entanto, o coração tem a capacidade de pegar um simples glóbulo vermelho do sangue e fazê-lo circular por todo o corpo em vinte segundos. Quanto mais é exercitado, mais forte o coração se torna. O coração de um atleta bem-treinado pode se tornar 70% maior do que um coração de tamanho normal. Inversamente, a falta de exercício pode fazer o músculo cardíaco atrofiar.

Mas o coração é mais do que uma bomba. É a chave para o bem-estar. O coração é o lugar de nossas emoções mais profundas e de nossas maiores aspirações. Está no centro da literatura desde os tempos medievais. Ao longo de eras, romancistas, dramaturgos, poetas e compositores criaram um vocabulário próprio em torno do coração. Palavras e frases como "sem coração", "coração grande", "coração frio", "no fundo do coração" e "de todo o coração" evocam fortes imagens mentais.

No Egito antigo, o coração era visto como a semente da humanidade. O judaísmo vê o coração como o templo da alma e o lugar da sabedoria. No cristianismo, o coração é um símbolo de amor e compaixão.

ACRESCENTANDO AO CORAÇÃO

Nossa família adquiriu um profundo apreço pessoal pelo significado de "encorajar" — *acrescentar ao coração de alguém* — logo depois do nascimento de nossa primeira neta, Taylor. Aparentemente, Taylor era um bebê saudável. Porém, um dia os médicos descobriram que ela tinha uma anomalia cardíaca congênita. Seguiram-se horas de exames, que resultaram em um diagnóstico de que aquele pequeno e novo milagre tinha um distúrbio chamado tetralogia de Fallot. Trata-se da causa mais comum da "síndrome do bebê azul", um distúrbio que pode ser fatal. Em termos comuns, ela tinha um coração dilatado. Além de uma câmara cardíaca de tamanho exagerado, havia um buraco entre os dois ventrículos no fundo do coração, bem como uma válvula que fechava, em vez de abrir, cada vez que o coração bombeava. Como resultado, os pulmões não estavam recebendo o oxigênio necessário.

Nada havia preparado nossa família para essa notícia. Os pais de Taylor eram atletas de elite. A mãe da criança, nossa filha mais velha, Summer, foi jogadora de futebol da faculdade; o pai, Bryson, é ciclista profissional. No Centro de Treinamento Olímpico, em Colorado Springs, os testes fisiológicos dele alcançaram os melhores resultados. Não indicaram que a primeira filha de pais que estavam em tão boas condições físicas e aeróbicas poderia ter um problema no coração. Mas tinha.

Uma cirurgia foi marcada seis meses depois, quando ela estaria forte o bastante para lidar com o estresse. No dia marcado, fomos todos para o hospital. Apenas um desejo enchia nossos corações pesados: que ela ficasse bem. Sorrimos e nos despedimos quando ela foi levada para a sala de cirurgia nos braços de uma enfermeira com uniforme com estampa de vaca — uma camuflagem divertida que disfarçava a seriedade da situação, assim como o sorriso no rosto de Taylor camuflava os problemas escondidos em seu coraçãozinho.

Os médicos estimaram que a operação duraria de duas a três horas. Mas houve complicações inesperadas com a máquina coração-pulmão, o que fez o corpo de Taylor inchar, e as duas ou três horas logo dobraram.

Depois de várias horas de ansiedade, um cirurgião suado e atormentado, com o coração cheio de emoção, entrou na sala de espera caminhando lentamente. A expressão dele era de quem tinha passado por um espremedor. Ele explicou as complicações que ameaçavam a vida de Taylor e que causaram a longa demora, e como a equipe cirúrgica tinha finalmente conseguido pôr a válvula de um doador — a bicúspide — no sofrido coração de Taylor. Eles apararam a válvula, prenderam-na delicadamente no coração dela e, em seguida, costuraram um pedaço de algo semelhante a um tecido impermeável para fechar o buraco no fundo do coração. O médico, aliviado, disse que Taylor agora conseguia obter o oxigênio saudável do qual precisava tão desesperadamente. Essas palavras encorajadoras permitiram que Summer — seu próprio coração inchado de dor, medo e amor — finalmente exalasse um suspiro de esperança.

Quando Taylor foi levada para a unidade de cuidados intensivos, não estávamos preparados para o que vimos. Aquela criança bonita parecia um balão, quase irreconhecível. Essa visão fez com que todos nós recuássemos até a parede. Mas quando vimos Summer correr para sua filha, para não sair de perto dela enquanto ela não melhorasse, percebemos a importância do que acabara de acontecer. Se não fosse o acréscimo feito a seu coração, se não fosse a habilidade e o conhecimento daqueles cirurgiões especializados e enfermeiros, ela não teria sobrevivido por muito tempo.

Quando vemos nossa pequena Taylor correndo, pedalando e jogando futebol, somos gratos por cada passo, pedalada e chute. E o que é mais importante: agradecemos por ela estar conosco e enriquecer tanto nossas vidas. É importante acrescentar ao coração de alguém ou respirar vida dentro de alguém? *Sabemos que sim.*

Pensamentos sobre *Inspire* em meu diário

Inspire — Respire!
Encoraje — Elogie!
Deixe os outros melhores!

Minha mãe incutiu em mim a importância de encorajar e inspirar aqueles que aparecem em meu caminho. "Deixe-os melhores por terem encontrado você", ensinou ela.

Sem exceção, esperavam que eu tratasse os outros como grandes — tratar os outros como pequenos equivalia a uma traição na família.

O filósofo e padre jesuíta francês Teilhard de Chardin ensinou: "Não somos seres humanos tendo uma experiência espiritual. Somos seres espirituais tendo uma experiência humana."

Posso respirar vida dentro do espírito dos outros.

Dizem: "Um amigo é alguém que conhece a música do seu coração e a canta para você quando você esquece a letra."

Eu posso encorajar aqueles que amo a pensar e viver grande. Posso desafiá-los a perseguir sonhos grandes e engrandecer talentos únicos.

O 14º Dalai Lama ensinou: "Nós somos visitantes neste planeta. Estamos aqui por noventa ou cem anos no máximo.

Durante esse período, precisamos tentar fazer algo bom, algo útil, com nossas vidas. Se contribuímos para a felicidade de outras pessoas, encontramos o verdadeiro objetivo, o verdadeiro sentido da vida."

A partir deste dia, eu resolvo deixar cada pessoa que encontro melhor por ter me encontrado.

IDENTIFIQUE E HOMENAGEIE UMA PESSOA QUE
Inspira

SELECIONE alguém que você conhece cujo comportamento seja inspirador.

ESCREVA o nome dessa pessoa no quadro abaixo.

PROCURE essa pessoa, ensine a ela o significado de "Inspire" e explique por que ela personifica essa palavra.

CAPÍTULO OITO

Empatia

Ser capaz de se colocar na posição do outro, ser capaz de ver e sentir como outra pessoa, este é um dom raro.

— MATA AMRITANANDAMAYI

Larry Hall nunca tinha ouvido falar do método dos cinco passos, que dirá tentado fazer isso, quando apanhou uma bola de boliche de seis quilos com a mão esquerda e se posicionou atrás dos triângulos indicados no chão.

Estávamos no Jack & Jills Lanes, um boliche perto da minha casa, em uma manhã de sábado que, de outro modo, seria chata. Larry era o gerente do Village Green Trailer Court, que pertencia à sua família e que era onde minha família morava. Era também um líder de jovens voluntários em nossa comunidade. Havia se tornado meu amigo quando eu tinha 17 anos e me perguntou sobre meus interesses. Eu lhe disse que gostava de boliche.

— Bem, então vamos jogar boliche — disse ele.

Era óbvio que Larry não havia passado muito tempo em um boliche. Ele podia ser um atleta perfeito (era jogador de tênis profissional e treinador de tênis na universidade local), mas não sabia diferenciar uma jogada de cinco passos de uma três passos. Em uma aproximação, deixou a bola cair atrás dele.

Eu crescera em boliches. Meu padrasto jogava em duas ligas. Minha mãe jogava. Meu irmão jogava. Jogar boliche era a única opção de recreação de nossa família.

De início, achei que Larry se interessava por boliche também. Mas o que ele queria era me ajudar a fazer boas escolhas em minha vida. Ele levava a sério a tarefa de ser líder de jovens; era amigo de muitos deles em nosso bairro e os punha sob sua asa. Ele havia me visto no bairro de trailers, um típico adolescente a cem por hora, sem pensar em onde iria parar em seguida. Ele viu potencial em mim, e quis me ajudar a ver e realizar esse potencial.

Ele não me convidou para o clube. Veio até onde as pessoas do lado oeste dos trilhos passavam o tempo todo no sábado. Entrou na minha área. Tirou os tênis e colocou os sapatos de boliche. Depois de jogarmos, conversamos sobre as possibilidades e escolhas à minha frente. Larry Hall tornou-se um mentor importante em minha vida. Eu podia ver que esse treinador de atletas realmente se preocupava comigo. Ele dizia:

— Kevin, você poder ir por esse caminho ou pode ir por aquele caminho.

E então falávamos sobre o que essas escolhas significavam e onde elas poderiam levar. Esse jovem (ele não era muito mais velho do que eu) orientou-me em decisões que tiveram um impacto positivo sobre o resto da minha vida. Incentivou-me a continuar os estudos. Aconselhou-me a manter distância das drogas e de outros vícios. Sobretudo, foi um grande mentor e um modelo exemplar de serviço altruísta. Acho que nossa relação jamais teria evoluído se ele não tivesse me conhecido no lugar onde eu morava e se não tivesse tido o cuidado de percorrer o meu caminho.

O impacto dos conselhos dele mudou o rumo da minha vida.

Tardes com Arthur

Hoje, em nossa sessão de estudo das palavras, percebi que Arthur adora palavras sujas.

Palavras que descrevem a terra são as favoritas dele.

Em sessões anteriores, ele me ensinou termos como "descobridor de caminhos" para descrever um líder que se abaixa ao nível do chão para identificar para os outros onde caçar e viajar, e "humildade", uma palavra que deriva de húmus, o rico e escuro solo orgânico que promove o crescimento e desenvolvimento saudáveis.

Arthur explicou que a palavra de hoje, "empatia", é outra que brota do solo. Em inglês, *"path"* (de *"empathy"*) é *caminho*. "Em" é *em* mesmo. Empatia é percorrer o caminho de outro. Se você não faz o caminho do outro, se não vai onde ele ou ela vai, não pode compreender verdadeiramente o que essa pessoa está vivenciando.

Ele observou também que "comunicação" — uma prima próxima de empatia — é outra palavra associada à terra. "Comunicação" vem do latim *"comunicare"*, que significa *compartilhar*. Compartilhar exige estar em um terreno em comum com outra pessoa.

Arthur lembrou-se de uma visita que fez à Itália com um grupo de estudantes logo depois de criar o programa de estudos no exterior na universidade. Quando eles estavam viajando pelo interior da Itália, o ônibus enguiçou, causando um grande atraso. Aconteceu de eles estarem perto da vila de Banubecco, um lugar que Arthur conhecia bem. Era onde ele estivera lotado durante a Segunda Guerra Mundial, quando ajudara a decifrar códigos alemães para os Aliados.

Quando o ônibus finalmente foi consertado, os estudantes procuraram por Arthur e não conseguiram encontrá-lo. Preocupados que tivessem perdido o professor, eles se espalharam e vasculharam a vila, e acabaram encontrando "Arturo" falando um italiano fluente com um grupo grande de italianos encantados. Ele não teve problema algum para passar o tempo enquanto o ônibus estava sendo consertado. Com linguagem sagaz e o conhecimento sobre as pessoas e a terra, ele e os moradores da vila estavam de fato em um terreno comum enquanto ele percorria novamente o caminho deles para esse encontro incrível.

BENEFÍCIOS *VERSUS* CARACTERÍSTICAS

Passei grande parte de minha vida na área dos profissionais de vendas. Fui eu mesmo um vendedor. Treinei e liderei uma equipe de vendas e estudei os métodos de alguns dos melhores profissionais da área. Durante esse processo, percebi que uma das qualidades cruciais dos bons vendedores é a capacidade de antecipar as necessidades dos outros.

Vendedores médios vendem características. Eles falam sobre o que um produto ou serviço faz. Profissionais de vendas fenomenais vendem benefícios. Eles falam sobre o que o produto ou serviço pode fazer por *você*. Essa é a diferença entre um vendedor de carros comum, que explica que a chave da ignição pode destrancar o porta-malas, e um profissional de vendas mestre — que explica que quando você estiver caminhando para o carro com as compras nas mãos, o porta-malas abrirá, de modo que você não precisará largar nada. Clientes não compram características; compram benefícios. Vendedores mestres, que sabem fazer o caminho do outro, são, antes de tudo, grandes comunicadores.

A ilusão da comunicação

O proprietário de um restaurante no Caribe, cansado de ver a umidade transformar o açúcar dos açucareiros em uma massa, decidiu que remediaria a situação comprando pacotes individuais que os clientes poderiam abrir quando fossem colocar açúcar no café ou chá.

A instrução dele aos funcionários na manhã em que os pacotinhos chegaram foi simplesmente tirar o açúcar velho dos açucareiros, limpá-los e substituir por esse açúcar novo. Em seguida, o gerente saiu.

Enquanto ele estava fora, os funcionários abriram cada pacote individual de açúcar e derramaram o conteúdo nos açucareiros recém-limpos. Enquanto faziam isso, perguntaram uns aos outros:

— Por que ele quer que a gente faça isso?

Quem foi o responsável pela má comunicação? O emissor ou o receptor?

É claro que a resposta é: ambos.

George Bernard Shaw expressou isso bem quando brincou: "O problema da comunicação é a ilusão de que ela ocorreu."

Quando estabelecemos um terreno em comum *fazendo o caminho dos outros*, nossa capacidade de influenciar mudanças positivas aumenta exponencialmente. Quando não conseguimos demonstrar empatia, invariavelmente criamos a ilusão de que a comunicação ocorreu, quando na verdade não ocorreu. A empatia dos dois lados teria impedido o mal-entendido — empatia do proprietário (o que eles estão ouvindo?) e empatia dos funcionários (o que ele está pensando?).

NUNCA SUPONHA NADA

É impressionante quanta coisa pode dar errado quando os ingredientes importantes da empatia e do terreno em comum não estão firmemente estabelecidos.

Para mim, isso ficou absolutamente claro quando eu estava no último ano do ensino médio e me encarregaram da comemoração anual do encontro dos ex-alunos, no outono.

Eu havia lido sobre uma escola em Nova York que havia realizado uma corrida de fuscas em um campo de futebol americano e decidi que esta seria uma boa atividade para o intervalo de nosso jogo de futebol americano de ex-alunos. O plano era que cada turma — segunda, terceira e última série — empurrasse um fusca de uma extremidade do campo à outra. O primeiro carro a chegar à zona final seria o vencedor. Imaginei o espírito de equipe, a diversão, a animação que um acontecimento incomum como este geraria. Com os outros estudantes da organização, apresentei a ideia ao Sr. Oyler, o conselheiro do nosso corpo docente. O Sr. Oyler não era nada bobo. Havia sido jogador de futebol americano na faculdade e estava o tempo todo tentando nos ensinar a ser comunicadores e líderes melhores, enquanto também nos dava bastante espaço para solucionar problemas sozinhos.

Lembro-me do dia em que saí do escritório dele depois de falar sobre a ideia da corrida. Assegurei-lhe que a execução seria impecável. Disse-lhe que cobriríamos o campo, para que não fosse danificado quando os fuscas fossem empurrados por cima dele. Outras precauções seriam tomadas e todas as nossas elevadas expectativas seriam cumpridas. Embora fosse algo que nunca antes tivesse sido realizado na nossa escola, assegurei a todos que seria algo do qual poderíamos falar durante muito tempo. Infelizmente, não foi isso o que aconteceu.

Ainda me lembro de quando caminhei pelo campo no intervalo do jogo, peguei o microfone e disse:

— Iniciaremos agora nossa corrida de fuscas!

Depois disso, foi como uma turba. As pessoas saíram correndo das arquibancadas e começaram a empurrar os carros. Não tive a chance de explicar as regras e nem mesmo tempo de dizer "Já". Os alunos da segunda série não tinham motorista no carro. Em questão de segundos, eles invadiram a pista dos estudantes da terceira série e bateram no carro deles, amassando a lateral. A terceira série reagiu pulando sobre o carro da segunda série e amassando o teto. Nenhum dos três carros conseguiu chegar à zona final antes de o Sr. Oyler caminhar até o meio do campo e, microfone à mão, dizer:

— Kevin Hall, compareça ao meu escritório, por favor.

Dei os cerca de mil passos dolorosos do campo de futebol ao escritório dele com o restante dos estudantes da organização atrás, agradecidos por não serem eu. Quando abrimos a porta, o Sr. Oyler havia escrito três palavras no quadro-negro:

"Nunca suponha nada."

O Sr. Oyler me lembrou da nossa conversa anterior, quando eu havia garantido a ele um evento impecável. Ele analisou todas as coisas nas quais eu deveria ter pensado, mas não pensei. Perguntou se eu supus que podia comunicar claramente as direções da corrida antes de o caos começar. Eu supus que os alunos do segundo ano, que não tinham carteira de motorista, teriam um motorista? Supus que os carros seguiriam em linha reta? Supus que os carros tinham seguro? (Apenas um deles tinha.)

Minha grande oportunidade de mostrar que tipo de líder e comunicador eu era havia chegado e partido, e, com certeza, eu não a aproveitara. Tudo o que eu conseguia pensar era em uma frase do filme com Paul Newman *Rebeldia indomável*: "O que temos aqui é uma falha de comunicação." Mas foi memorável. Não sei dizer quantas pessoas se aproximaram de mim durante o resto do ano e disseram:

— Uau, aquilo foi realmente incrível, Kevin. Nunca esqueceremos daquela noite.

Intenção do comandante

Muita coisa que pode dar certo ou errado em comunicação depende tanto do emissor e do receptor saberem a intenção da mensagem. Quando você sabe *por que*, sabe *como*.

No caso do restaurante caribenho com o açúcar empapado, se o dono tivesse comunicado claramente à equipe que a intenção dele era dirigir um restaurante de primeira linha, que sempre pensava primeiro nas necessidades do cliente, os funcionários teriam sido capazes de saber que não deveriam abrir aqueles pacotinhos de açúcar individuais mesmo que a ordem tivesse sido confusa e pouco clara. Em *Ideias que colam*, os autores Dan e Chip Heath escrevem sobre um termo usado no exército: "intenção do

168

comandante". Essa expressão fala do verdadeiro sentido e propósito da comunicação de um comandante. O que é importante não são as palavras da ordem; o importante é compreender qual era a intenção do comandante ao dar a ordem.

A palavra "compreender" vem de "com", que significa *junto*, e "preender", *entender*. "Compreender" é *entender junto*.

Quando os líderes investem tempo para assegurar que os dois lados compreendam, os mal-entendidos desaparecem.

Norman Brinker, o famoso executivo de negócios citado no Capítulo 6, ficou conhecido pelo sucesso de sua indústria, e quando você fala com qualquer pessoa que trabalhou com ele ou que o teve como mentor, a resposta comum é que ele era um comunicador raro e eficiente.

O estilo de liderança incluía quatro absolutos: (1) quando ele tinha reuniões com membros da equipe, ia ao escritório deles, em vez de pedir que fossem até ele; (2) ele fazia as perguntas, e eles forneciam as respostas; (3) ele se assegurava de que eles falassem mais do que ele; e (4) ele manifestava gratidão e reconhecimento com frequência. (No funeral de Norman, Doug Brooks, atual CEO da Brinker International, lembrou que ele lhe enviou 53 bilhetes de agradecimento e cartas de reconhecimento pessoais, e que Doug disse que guardava e prezava cada uma delas.) Com esse tipo de comunicação empática, ele produziu sistematicamente executivos que chegaram a posições no topo da indústria. De fato, mais de vinte ex-membros da equipe dirigem hoje empresas de capital aberto.

Entendendo claramente

No pioneiro livro *Os quatro compromissos*, Don Miguel Ruiz escreve sobre a importância de uma comunicação clara e aberta. Ao explicar o Terceiro Compromisso, "Não faça suposições", ele aconselha: "Encontre coragem para fazer perguntas e para expressar o que você realmente quer. Comunique-se com os outros tão claramente quanto possível para evitar mal-entendidos, tristeza e drama. Com apenas esse compromisso você pode transformar completamente sua vida."

Stephen R. Covey me ensinou em inúmeras ocasiões que "nada valida e certifica mais do que se sentir compreendido. E no momento em que uma pessoa começa a se sentir compreendida, ela se torna bem mais aberta a influências e mudanças. A empatia está para o coração assim como o ar está para o corpo".

Infelizmente, em nossos tempos, ser compreendido é um luxo.

Em etimologia pura, "entender" significa *ficar entre*. Não significa ficar acima ou abaixo. Significa ficar *com*.

Verdadeiros descobridores de caminhos conduzem a partir de um terreno comum. Eles estão no caminho, olho a olho, cotovelo a cotovelo, ombro a ombro com seus seguidores. São líderes que guiam e mostram.

Sempre podemos falar

Alguns dos melhores conselhos que recebi vieram de uma mulher com quem trabalhei na Franklin, Patricia Murray. Pat havia sido Miss Havaí e candidata a Miss Estados Unidos. Mas o que mais me impressionava nela era a relação que ela e o marido, Harry, tinham com os filhos. Eles falavam o tempo todo, sobre tudo e sobre nada. Claramente, havia um nível elevado de amor e confiança naquela família. Perguntei a Pat como eles haviam conseguido desenvolver uma relação tão boa. Ela disse que desde cedo ela e Harry estabeleceram duas regras com os filhos. A primeira delas era que eles sempre podiam ser amigos, não importava o que acontecesse. A segunda era que eles sempre podiam falar, não importava o que acontecesse.

— Esses dois princípios estiveram conosco em cada desafio — disse ela.

Sherry e eu estávamos iniciando nossa família na época, e levamos o conselho a sério. Adotamos as mesmas regras em casa com nossos filhos. Esse espírito de comunicação aberta — não importa o que aconteça — tornou o estabelecimento de objetivos uma progressão natural em nossa família. Todo ano, nós nos sentávamos com nossos filhos e os ajudávamos a identificar seus objetivos e sonhos. Não podiam ser os nossos objetivos, tinham que ser os objetivos deles. Nossos filhos precisavam de sonhos que chamassem por eles. Essas "entrevistas" produziram um padrão de comunicação que levou a resultados de longo alcance, positivos, e nos permitiram orientar e conduzir nossos filhos em caminhos diversos.

O VALOR DAS PALAVRAS

É fácil aceitar as palavras sem pensar. Mas quando o cérebro de uma pessoa começa a falhar, como acontece quando alguém é apanhado pelas garras do Alzheimer, cada palavra se torna muito mais valiosa.

Tenho um vizinho e amigo, Jim Dyer, cuja mulher e alma gêmea, Renie, foi acometida pelo Alzheimer. Com dois anos de doença, enquanto a capacidade de memória e comunicação dela diminuía, Jim percebeu que a hora final estava se aproximando rapidamente quando ela já não se comunicava com ele ou com qualquer outra pessoa. Ele começou a ouvir com mais atenção e anotar o que ela dizia. Ao longo de um período de cinco anos, ele acumulou mais de 8 mil palavras e as registrou e catalogou em um diário. Semana a semana, o número de palavras dela diminuía. À medida que o tempo foi passando, Renie raramente falava alguma coisa. Era como se ela se limitasse apenas ao que era mais importante.

De vez em quando, Renie falava uma língua que Jim não conseguia decifrar bem. Mas ele notou que apenas dizer as palavras e saber que alguém a estava ouvindo tinha um efeito calmante e gratificante para sua esposa.

No Dia de Ação de Graças, rodeada pela família e por amigos, Renie não tinha dito uma palavra o dia inteiro. Ela adorava tocar piano, e o filho Steve conduziu a cadeira de rodas dela para perto do piano enquanto o neto Robbie tocava. Quando ele terminou, todos na sala ouviram Renie dizer uma palavra em voz alta e clara — a palavra mais importante que ela podia ter dito naquele dia: "Obrigada."

Não devemos nunca subestimar ou aceitar sem pensar o poder da comunicação. Não devemos nunca subestimar o poder da palavra certa falada no momento certo. As palavras nos conectam uns com os outros. Constituem o que ouvimos e o que dizemos. São a essência de quem somos coletivamente.

EMPATIA E SOFRIMENTO

Falando sobre empatia, Og Mandino escreve: "Com amor derrubarei o muro de suspeita e ódio que eles construíram em torno de seus corações e no lugar construirei pontes para que meu amor possa entrar em suas almas." Um amigo próximo e cliente de treinamento, Dave Blanchard, CEO do Og Mandino Group, continua: "Nosso caráter foi forjado na fornalha da adversidade. Conhecemos a dor. Não podemos mudar o passado. Porém, podemos escolher usar esses pontos de referência como um rico recurso para nos ajudar a entender melhor as pessoas e a nos conectar com elas. Quando usamos nossas experiências de vida a serviço dos outros, finalmente encontramos propósito em nosso sofrimento, alegria em nossa jornada e a tão necessária cura em nossas almas."

Pensamentos sobre empatia em meu diário

Para ser um líder e um verdadeiro descobridor de caminhos, eu preciso descobrir aquilo que sustenta a vida ouvindo ativamente e observando com astúcia.

Empatia significa fazer o caminho do outro.

Escutar tem o poder de me levar a outro nível da mestria humana e a um nível elevado de liderança.

Ernest Hemingway falou: "Aprendi bastante ouvindo com atenção. A maioria das pessoas nunca ouve."

Quais são as características dos ouvintes empáticos?

O que eles fazem quando se comunicam?

O que as outras pessoas fazem diferente por eu estar no meio delas?

Como posso ouvir com mais empatia?

Em cada encontro posso optar por mostrar compreensão e empatia, ou posso optar por ser crítico e julgador. A primeira escolha leva a relações significativas; a segunda leva a uma vida de suposições vazias e frustrações.

Escolho explorar minha capacidade ilimitada de ter empatia e sentimento pelos outros porque um caminho pleno de propósito não é feito para ser percorrido sozinho.

IDENTIFIQUE E HOMENAGEIE UM EXEMPLO DE
Empatia

SELECIONE alguém que você conheça que personifique a empatia.

ESCREVA o nome dessa pessoa no quadro abaixo.

PROCURE essa pessoa, ensine a ela o significado de "Empatia" e explique por que ela personifica essa palavra.

CAPÍTULO NOVE

Treinador

*Ajude o barco de seu irmão a fazer a travessia e veja só!,
o seu barco também chegou à margem.*

— PROVÉRBIO HINDU

Na antiga Hungria, ao longo do rio Danúbio, entre Budapeste e Viena, havia uma vila chamada Kocs que produzia os melhores veículos do mundo puxados por cavalos. Carpinteiros criavam essas magnânimas carroças com suspensão de molas para transportar membros da realeza com conforto pela estrada esburacada junto ao rio que ligava as duas grandes cidades. Essas carruagens deviam o nome à cidadezinha onde eram habilmente produzidas, e ficaram conhecidas como "*coaches*".

Originalmente fabricadas para a aristocracia, os *coaches* transportavam pessoas importantes com luxo e facilidade. Sua estrutura compacta, firme e elegante superava de longe todos os meios de transporte que já haviam existido, e logo essas carruagens se tornaram uma febre na Europa do século XV.

Com o passar do tempo, outras formas de transporte adotaram o termo "*coach*". Passageiros viajavam para lugares distantes da fronteira oeste dos Estados Unidos em *stagecoaches* (diligências) e *railway coaches* (vagões de trem). Na Europa, *motor coach* virou sinônimo de carro de luxo ou ônibus rodoviário.

Mas, por mais disseminada que a palavra tenha se tornado desde que o primeiro *coach* foi produzido em Kocs, o sentido não mudou. "*Coach*" — palavra inglesa que significa "treinador", "orientador", "conselheiro" e "instrutor" — continua sendo algo, ou alguém, que *transporta uma pessoa valiosa de onde ela está para onde ela quer estar.*

Um "*coach*" com qualquer outro nome

Em outras culturas e línguas, os *coaches* são conhecidos por muitos nomes e títulos diferentes.

No Japão, um *"sensei" é aquele que foi mais longe no caminho.* Em artes marciais, é a designação para mestre.

Em sânscrito, um "guru" é *aquele com grande conhecimento e sabedoria.* "*Gu*" significa *escuridão* e "*ru*" significa *luz* — um guru leva alguém da escuridão para a luz.

No Tibete, um "lama" é *aquele com espiritualidade e autoridade para ensinar.* No budismo tibetano, o Dalai Lama é o professor de nível mais elevado.

Na Itália, um "maestro" é um *mestre de música.* É uma forma abreviada de "*maestro di cappella*", que significa *mestre da capela.*

Na França, um "tutor" é um *professor particular.* O termo data do século XIV e se refere àquele que servia como vigia.

Na Inglaterra, um "*guide*" é aquele *que conhece e mostra o caminho.* Denota a capacidade de ver e apontar a melhor direção.

Na Grécia, um "mentor" é *um consultor sábio e confiável.* Em *Odisseia*, o mentor de Homero era um conselheiro que o protegia e apoiava.

Todas essas palavras descrevem o mesmo papel: aquele que vai antes e mostra o caminho. Os *coaches* indicam as curvas acentuadas, os buracos, os perigos e as armadilhas da estrada que está sendo percorrida. Eles evitam as ruas sem saída e os desvios desnecessários enquanto nos dirigem em segurança para nossos destinos desejados. Quer estejam conduzindo, ensinando, mostrando, guiando ou orientando, eles são *coaches*. E são indispensáveis para nos ajudar a encontrar nosso caminho e propósito.

Tardes com Arthur

Os olhos de Arthur brilharam quando me acomodei em seu confortável quarto e lhe falei sobre os *coaches* de Kocs. Ele estava encantado ao confirmar minha história sobre a origem da palavra "*coach*". Informou-me que havia percorrido a mesma estrada ao longo do rio Danúbio entre Viena e Budapeste, que passava pela vila de Kocs. A lembrança, obviamente, lhe agradou. Mas o que agradou ainda mais foi o fato de que eu fizera o dever de casa por conta própria.

Notei um entusiasmo especial em Arthur quando outros demonstravam um amor pelas palavras que se aproximava do amor dele. Observei uma energia extra quando ele estava conduzindo a palestra "Cápsula de Cultura" e alguém na plateia ficava animado com a palavra que eles estavam discutindo naquele dia. O rosto de Arthur se iluminava e as mãos dele se mexiam excitadamente enquanto ele mergulhava na conversa. Vi a mesma energia em muitas ocasiões em que eu estava com ele no quarto e um ou outro membro de sua família telefonava e, com a maior tranquilidade, ele falava com um filho ou uma filha em italiano, alemão ou alguma outra língua que eu não conseguia entender. Ele claramente se deliciava quando outras pessoas sentiam prazer em palavras e línguas.

Quando falamos sobre a vila de Kocs, Arthur me deixou fascinado com a lembrança que ele teve de, nos anos 1930, parar junto a uma multidão em uma praça pública para ouvir um homem falando. O orador era o chanceler da Alemanha, Adolf Hitler. Antes de Hitler vomitar sua política de ódio por toda a Europa e iniciar a Segunda Guerra Mundial, Arthur ouviu em primeira mão o poder na voz dele. Ele se lembrou de sua capacidade de incitar a multidão com nada além da escolha de palavras e da inflexão que usava para pronunciá-las. Palavras, lembrou-me Arthur, podem provocar muita coisa positiva, ou muita coisa negativa.

O VALOR DO TREINAMENTO

Pode ser de grande utilidade fazer um inventário dos muitos treinadores em nossas vidas e tomar nota de como eles nos mantêm em nosso caminho e propósito. Ao longo deste livro, eu menciono e presto homenagem a muitas pessoas que tiveram esse papel crucial em minha vida. Esses treinadores atendem por diferentes nomes e títulos — professor, guia, mentor, mãe, amigo. Mas, de um jeito ou de outro, todos me levaram a lugares onde eu nunca poderia ter ido sozinho.

Reconhecer o valor de um treinador pode ser o primeiro passo para melhorar o desempenho. Mas nem sempre é fácil. Mesmo no mundo dos esportes, onde os treinadores são ubíquos, a importância de um treinador pode, às vezes, ser subestimada e negligenciada.

No ciclismo, que é minha paixão, uma espécie de revolução aconteceu quando Lance Armstrong começou a usar treinadores de maneiras que nunca antes haviam sido usadas. Depois de se recuperar de um câncer, Armstrong usou nutricionistas para assegurar que seu sistema imunológico funcionasse em melhor nível. E não parou aí. Buscou especialistas para ajustar a bicicleta e os equipamentos. Consultou designers para determinar o tipo de roupa que usaria em uma prova de tempo para enfrentar melhor o vento. Em um esporte que parecia tão simples quanto impulsionar os pedais de uma bicicleta — algo que a maioria de nós aprende na infância — ele introduziu treinadores que mediram a força produzida em cada pedalada.

Ele também levou treinadores para as corridas. Era uma antiga tradição deixar os ciclistas por conta própria, valendo-se de sua habilidade e seu instinto, depois que a corrida começava. Mas, além de usar treinadores para ajudá-lo a se preparar para a corrida, Lance mantinha um constante contato por rádio com os treinadores, para que eles pudessem orientá-lo durante a corrida. Levando isso ainda mais adiante, depois que a corrida terminava, Lance recorria a um treinador alimentar — um chef para preparar a refeição que o ajudaria a se recuperar com tanta rapidez e eficiência quanto possível do esforço daquele dia. Em se tratando de aprender com o que há de melhor no mundo, Lance Armstrong fez tudo o que podia. "Equipe Lance", diziam — e as corridas de bicicleta nunca haviam tido nada parecido.

Vi a "Equipe Lance" pessoalmente quando viajei com alguns amigos ciclistas para a França a fim de assistir ao Tour de France. Estávamos em um café ao ar livre em

Evian, à margem do belo lago Genebra, esperando o início da corrida naquele dia, quando juntou-se a nós o treinador e instrutor de desempenho de Lance, Chris Carmichael.

Perguntamos a Chris como Lance havia conseguido usar seus dons e talentos para se tornar o mais destacado ciclista do mundo. Ele explicou que grande parte do sucesso de Lance podia ser atribuída à sua disposição para mudar a cadência de suas pedaladas. A maioria dos ciclistas virava os pedais num ritmo médio de setenta a oitenta revoluções por minuto. Mas Lance não. Ele aumentou o ritmo até chegar a uma média de noventa a cem revoluções, mesmo quando estava em uma subida. Carmichael havia sugerido a Lance alcançar a quase sem precedente cadência mais elevada para tirar proveito dos músculos delgados e compactos. "Girando" em marchas mais elevadas, ele conseguia capitalizar sobre sua fisiologia única.

— Veja como ele continua cada vez mais forte — disse Carmichael.

Isso foi no começo do Tour de France. Vários dias depois, quando a corrida terminou em Paris, Lance Armstrong, exatamente como o treinador dele previra, pedalou pelo Champs-Elysées usando a cobiçada camisa amarela que significava a vitória. Quando o vimos subindo no pódio, pude imaginar o treinador Carmichael bastante satisfeito ali por perto.

Lance Armstrong, um dos atletas mais bem-sucedidos da história, exemplifica a importância de não apenas se cercar de bons treinadores, mas também de ser eminentemente treinável.

Ter um treinador é uma coisa; ouvir esse treinador é outra.

Um treinador por todos os motivos

Ninguém que eu conheço no mundo dos negócios reconhece mais o valor dos treinadores do que Harvey Mackay, autor de diversos best-sellers, orador de renome internacional e fundador e presidente da Mackay Envelope Company. Harvey me disse recentemente que tem um treinador para quase todas as áreas de sua vida. Tem um treinador de oratória. Tem um treinador de redação. Tem um treinador de negócios. Tem um treinador financeiro. Tem um treinador de vida. Tem um treinador de tênis. Tem um treinador de corrida. Tem um treinador de golfe. Tem até um treinador de pingue-pongue. Ao todo, tem mais de uma dúzia de treinadores. E por quê? Porque percebeu o quanto consegue realizar mais com a ajuda de um bom treinamento. Ele entende o quanto é inestimável recorrer a alguém que está no alto da curva de aprendizado e ser orientado por essa pessoa. Isso o ajudou a ter sucesso nos negócios, ajudou-o a ser um atleta bem-sucedido, ajudou-o a se tornar um dos escritores e oradores mais procurados do mundo. Os treinadores enriqueceram todas as áreas que são significativas para ele.

Treinadores veem potenciais

Entre todos os tipos diferentes de treinadores, o ponto em comum é que todos eles são professores. "Ensinar" significa *mostrar*. Os professores não dizem apenas; eles ilustram, exemplificam, mostram.

Marva Collins é considerada uma das melhores professoras do mundo. Ela iniciou a Westside Preparatory School em casa, em um bairro pobre de Chicago. Abriu as portas para estudantes que haviam sido abandonados e deixados para trás pelo sistema de ensino público. Eram crianças e adolescentes rotulados como "inaptos para o aprendizado". Estavam fracassando. Tinham dificuldade de ler e escrever. Eram considerados incapazes de serem ensinados e treinados — até que Marva os recebeu e lhes *mostrou* uma maneira melhor.

Essa visionária professora não aceitava estereótipos sociais. Não aceitava a mediocridade. Não aceitava desculpas. Ela acreditou que "existia uma criança brilhante trancada dentro de cada estudante". Marva disse aos alunos que eles tinham uma escolha. Podiam tomar o caminho do não aprendizado, do analfabetismo, e acabar em um emprego sem futuro, incapaz de atender às suas necessidades. Ou podiam optar por receber uma educação e abrir horizontes imprevistos para si mesmos e para aqueles com os quais eles se preocupavam.

Ela abandonou os trabalhos improdutivos e a memorização por repetição, substituindo-os por uma participação ativa e uma exigência de que os estudantes praticassem a autodisciplina. Ela acreditava que um professor deve tornar o aprendizado contagiante e criar um ambiente em que uma ideia desencadeia outra.

Marva conseguiu pegar crianças que haviam ouvido que eram analfabetas e ajudá-las a se tornar fluentes em sua língua. Elas conseguiram ler textos dos maiores escritores — Platão, Sócrates, Homero. Estudantes "desperdiçados" começaram a citar Shakespeare. Por fim — e com um bocado de trabalho duro —, os diplomados da Westside Prep foram aceitos em Harvard, Princeton, Columbia, Oxford, Yale e Stanford.

Sua história impressionante foi mostrada no programa *60 Minutes*. Dois presidentes — George H.W. Bush e Bill

Clinton — convidaram-na para ser Secretária de Educação, mas ela recusou em favor de lecionar para um estudante de cada vez.

Eu e minha esposa, Sherry, tivemos o privilégio de passar três dias com Marva e seu marido, Franklin, também professor, na bela casa deles em Hilton Head, Carolina do Sul.

Em sua ampla biblioteca, Marva falou sobre ensinar como a chave que fez tudo começar.

— Descobri alguns estudantes inaptos para o aprendizado em três décadas lecionando — disse ela. — Mas descobri também muitas vítimas de um ensino ruim.

Ela achava que um bom professor deve fazer com que um estudante ruim se torne bom, e que um estudante bom se torne superior. Lembro-me dela dizendo:

— Quando nossos estudantes fracassam, nós, como professores, também fracassamos.

O foco de Marva era identificar e ampliar os talentos únicos de cada estudante. Seu mantra para os estudantes era: "Confie em si mesmo. Pense por si mesmo. Aja por si mesmo. Fale por si mesmo. Seja você mesmo."

Ela incorporou a filosofia: "Você não pode ensinar o que não sabe e não pode guiar para onde não vai."

Não temos que ensinar milhares, centenas ou mesmo dezenas. Se pudermos mostrar a uma pessoa o caminho, se pudermos trazer uma pessoa da escuridão para a luz, se pudermos fazer uma diferença no desenvolvimento de uma pessoa, somos bem-sucedidos como professores ou treinadores. É verdade que quando você ilumina o caminho de alguém, você vê o seu caminho mais claramente.

Descobri isso em minhas próprias experiências como treinador. Semanalmente tenho o privilégio de treinar grandes profissionais de negócios e vendas, bem como atletas, oradores e escritores. Com frequência, recebo tanto deles quanto eles recebem de mim, ou mais.

Jim Newman, um antigo mentor que foi importante para meu envolvimento no projeto da Estátua da Responsabilidade idealizada por Viktor Frankl, tinha um ditado que me dizia com frequência: "Kevin, se você quer felicidade, se quer paz, se quer realização na vida, regozije-se com o sucesso dos outros." Que exemplo. Que objetivo. Que meta para qualquer pessoa que quer ser um treinador. Existe algo mais gratificante do que ver alguém com quem você se preocupa, alguém com quem você trabalhou e planejou, alcançar e realizar coisas que essa pessoa nunca sonhou serem possíveis?

Estendendo a mão a todos

Quando nosso filho mais velho, Colby, era aluno da terceira série do ensino médio, nós nos mudamos para a Califórnia. Ele era um ávido jogador de futebol e, compreensivelmente, estava apreensivo com a possibilidade de a mudança afetar a sua carreira de jogador, ainda em desenvolvimento, particularmente porque ele ingressaria em uma das maiores escolas de ensino médio do estado, que tinha a reputação de produzir excelentes jogadores de futebol.

Pouco depois de descarregarmos os caminhões de mudança, fui de carro com Colby até o campo de futebol da escola, onde o time de futebol masculino estava treinando. Saltamos para assistir por um minuto e notei um menino se aquecendo. Esse menino não conseguia andar normalmente, que dirá correr. Quando corria atrás da bola, ele

188

arrastava os pés mais do que corria. Depois, descobri que sofria de paralisia cerebral.

Havia um outro pai parado ali perto. Perguntei a ele se o menino deficiente era um dos dirigentes do time.

— Não — disse. — Ele está no time. O treinador Skaff quer que ele jogue.

Aquilo era tudo o que eu precisava ouvir sobre o treinador Don Skaff. Dessa forma, eu soube que Colby teria um programa sólido de treinamento.

Durante a temporada, vi o treinador Skaff incluir o menino, cujo nome era Sean, em cada treino, em cada prática, em cada jogo. Ele não era um iniciante e não jogava com regularidade. O treinador não perdeu de vista sua responsabilidade com a escola e com os outros jogadores de apresentar em campo um time competitivo. (Eles venceram o campeonato da liga naquele ano.) Ele também não perdeu de vista a responsabilidade de ser compassivo e inclusivo. Em treinos e, às vezes, em jogos, encontrava um tempo e um lugar para Sean, que sorria radiante cada vez que entrava em campo.

À medida que a temporada avançou, as ações do treinador tiveram um efeito positivo sobre os outros jogadores. Em vez de se ressentirem com a presença de Sean, cujo corpo não era perfeito como os seus, eles imitavam o treinador e se empenhavam para aceitá-lo e incentivá-lo. Estou convencido de que isso tornou o time deles mais coeso.

Depois da temporada, conversei com o treinador Skaff sobre os motivos para incluir Sean na equipe. Ele me disse que isso tinha tanto a ver com o que Sean podia trazer para o time quanto com o que o time podia trazer para Sean. Ele percebia o desejo de Sean, o espírito, a atitude e a positividade dele diante — e apesar — das deficiências físicas.

— Sean nunca disse: "Não consigo fazer isso" — comentou o treinador. — Era incrível como ele levava a sério fazer parte do time, como trabalhava duro, mais duro do que qualquer outra pessoa. Ele contribuiu muito para o time. Os outros jogadores o respeitaram e, um após outro, perceberam o quanto realmente tinham sorte. Isso fez com que todos trabalhassem um pouco mais. Isso nos uniu.

Esse treinador perceptivo tinha um plano que funcionou — para *todos*.

VALIDAÇÃO É PODER

Tive oportunidade de conhecer Meg Whitman quando trabalhamos juntos na campanha de um candidato à presidência. Meg é famosa como inovadora e motivadora. Ela assumiu um pequeno negócio da internet com um punhado de funcionários e o transformou numa empresa de 16 bilhões de dólares, com milhares de funcionários e milhões de clientes, chamada eBay.

Meg construiu o eBay com a força de uma palavra.

— Minha palavra favorita entre todas as palavras é "validação" — diz ela.

"Validar" vem do latim *"valere"*, que significa *ser forte*. Aos olhos da lei, "válido" significa *legalmente aceitável*. Quando você é validado, recebe força, poder e autoridade.

No eBay, Meg criou um sistema de feedback único e apropriado que constante e efetivamente assegurava a clientes e funcionários que eles eram responsáveis pelas transações, que eles tinham poder. Cada transação feita por comprador e vendedor era imediatamente avaliada, o que resultava em um feedback geral, ou em um índice de confiança. Essa validação com construção de confiança se tornou a espinha dorsal de um mercado virtual que foi adotado em todo o mundo.

— Quando você valida as pessoas, isso lhes dá poder, isso permite que elas realizem coisas impressionantes. É isso que faz o mundo girar — disse Meg.

O treinamento eficiente enfatiza forças e capacidades, e não fraquezas e deficiências.

UM LÍDER PRECISA APRENDER A SEGUIR

O treinamento é recíproco. Nunca é uma via de mão única. Treinadores astutos aprendem com aqueles que eles estão treinando.

Jon Luther, ex-CEO e atual presidente-executivo do multibilionário conglomerado Dunkin' Brands, gosta de contar a história do primeiro emprego dele como gerente de uma instituição da indústria de hospitalidade. Ele acabara de se formar na faculdade e já causara boa impressão na nova empresa, a Service Systems, para que o enviassem para dirigir a operação de alimentos do Canisius College em sua cidade, Buffalo, Nova York.

— Eu tinha 21 anos — disse Jon. — Cheguei com minha gravata de Princeton e minha camisa social e fiquei absolutamente perdido. Dei uma olhada e havia uma mulher mais velha maravilhosa, Sarah, que era a cozinheira responsável. Ela falou para mim: "Garoto, você não sabe o que está acontecendo, sabe? Venha, vou lhe mostrar o caminho." Ela se tornou minha mentora. Ensinou-me sobre os bastidores. Mostrou-me tudo que eu deveria saber.

Ela me salvou. Aprendi que ninguém é irrelevante e que todo trabalho é importante.

Anos se passaram. Jon avançou na carreira e acabou sendo nomeado vice-presidente da Aramark Services, uma grande empresa nacional de serviços alimentares que usa as iniciais ARA. A nomeação dele foi publicada no jornal de Buffalo, num artigo de 2,5 por 5 centímetros com uma pequena fotografia sob o título "Rapaz da cidade vence na vida".

Não muito tempo depois, Jon estava sentado no seu escritório, na Filadélfia, quando o telefone tocou. Um associado da ARA chamado Tom Lawless estava na linha, ligando de Buffalo.

— Oi, Jon — disse ele. — A Aramark acaba de pegar a conta do Canisius College e estou entrevistando funcionários para transferências. Conheci uma mulher chamada Sarah Henley. Quando nos sentamos, ela perguntou: "ARA. Esta não é empresa onde Jon Luther trabalha?" Eu lhe falei que sim e ela apanhou a bolsa, retirou dali um pequeno artigo de jornal com uma foto sua e disse: "Ensinei tudo que ele sabe."

— É, ela está certa — respondeu Jon.

"Para ser um líder, você precisa, primeiro, aprender a seguir", é o conselho de Jon Luther quando ele fala sobre liderança. "E nunca subestime o poder de uma relação. Eu aprendi que você nunca pode esquecer aqueles que o ajudaram ao longo do caminho."

Pensamentos sobre *Treinador* em meu diário

Quando ensino uma habilidade a outra pessoa, aprendo duas vezes.

Adquirir conhecimento e experiência traz recompensas.

Compartilhar conhecimento e experiência com outros traz uma série de recompensas exponencialmente maiores.

Lembre-se do ditado asiático: "Aquele que torna as coisas mais fáceis para si mesmo torna as coisas mais fáceis para os outros."

A palavra "expert" vem do latim "experiri" e significa aquele que ajuda você a experimentar algo novo.

Os especialistas ajudam a reduzir a "curva do aprendizado" para aqueles que eles guiam no caminho.

Treinadores autênticos focam no desempenho daqueles que treinam.

Eu me comprometo a difundir e transmitir para outros todas as habilidades e talentos que adquirir. Ao fazer isso eu ganho um sentimento de contribuição e contentamento que não pode ser alcançado de nenhuma outra maneira.

Deepak Chopra descreve isso da seguinte maneira: "Todos têm um propósito na vida (...) um dom único ou um talento especial para dar aos outros. E quando combinamos esse talento único com um serviço para os outros, experimentamos o êxtase e a exultação de nosso espírito, o que é o objetivo máximo de todos os objetivos."

Eu não posso transportar os outros para os destinos desejados sem me aproximar mais do meu próprio destino.

IDENTIFIQUE E HOMENAGEIE UM EXCELENTE
Treinador

SELECIONE alguém que você conhece cujo comportamento reflita os princípios de um "*coach*".

ESCREVA o nome dessa pessoa no quadro abaixo.

PROCURE essa pessoa, ensine a ela o significado de "*Coach*" e explique por que ela personifica essa palavra.

CAPÍTULO DEZ

Ollin

Não é de luz que precisamos, mas sim de fogo; não de uma chuva suave, mas sim de trovões. Precisamos da tempestade, do redemoinho e do terremoto.

— FREDERICK DOUGLASS

Quando um terremoto ou uma grande tempestade estremecia a terra, os antigos astecas descreviam esse poder com uma única palavra: "*Ollin*."

Essa é uma palavra que pode ser encontrada no calendário asteca e em muitos instrumentos usados em cerimônias sagradas pré-colombianas. É uma expressão com uma profundidade imensa, que transmite um movimento intenso e imediato. Oriunda da antiga língua nahuatl, "*Ollin*" deriva de "*yollotl*", que significa *coração*, e "*yolistli*", que significa *vida*. "*Ollin*" significa mover-se e agir com todo o coração. Significa seguir seu caminho na vida com todo o coração. Para experimentar *Ollin*, temos que "ir com tudo".

Quando um terremoto ocorre, é sinal de que agora é hora de mover-se e agir com o pleno propósito do seu coração.

Os astecas imaginavam usar o coração no rosto para permitir aos olhos se abrirem e ver mais claramente. Quando vemos nosso caminho com clareza, nos movemos com propósito e intenção acelerados. Seguimos adiante com um coração pleno e comprometido. Os astecas chamavam isso de coração *Ollin*. Eles acreditavam que todo mundo tinha um caminho sagrado que levava a um propósito na vida. Cabia ao indivíduo descobrir o que necessitava fazer na vida e, então, se dar inteiro a isso. Eles acreditavam que todo mundo podia encontrar seu propósito, aquilo que fazia seu coração bater rápido. Toda a sociedade podia encontrar seu *Ollin*. Não era apenas um empenho individual. Era um empenho comum a todos.

Ollin confirma que as palavras são sagradas e têm o poder de nos inspirar a mudar o mundo para melhor.

Outras culturas têm palavras semelhantes para descrever o conceito de ação comprometida e de "ir com tudo". Kenton Worthington, um cliente meu e também um dos maiores profissionais de marketing de comunicação do mundo, ensinou-me que os húngaros têm uma palavra semelhante: "*egyensuly*". Significa *foco com o peso em uma coisa*. Requer que você ponha todo o seu peso naquilo que está fazendo. E se não puser, você corre o risco de cair em armadilhas associadas à indecisão e à inação. Estar sem entusiasmo, sem comprometimento — o próprio oposto de *Ollin* —, resulta em suas próprias punições.

Tardes com Arthur

De vez em quando, em nossas sessões de estudo, eu fazia um jogo que chamava de "Desafie o professor" com Arthur. As regras eram simples. Eu lançava uma palavra. Se Arthur não conseguisse identificar a origem dela, ele perdia.

Durante três anos não tive sucesso, até o dia em que trouxe a palavra "*Ollin*".

Ele me encarou boquiaberto, com uma rara expressão vazia.

— É uma palavra asteca — expliquei. — Significa "ir com tudo".

— Bem — disse ele, com um largo sorriso —, você com certeza venceu essa!

Nossa discussão logo se encaminhou para o significado de "ir com tudo". Arthur se recuperou rapidamente associando a expressão à "oportunidade". Ele explicou que a palavra que está na raiz de oportunidade é *porto*, que significa a entrada por água de uma cidade ou de um lugar de negócios. Antigamente, quando a maré e os ventos estavam bons e o porto abria, isso permitia a entrada para fazer comércio, para visitar ou para invadir e conquistar. Mas somente aqueles que identificavam a abertura podiam tirar proveito do porto aberto.

Você não podia realmente "ir com tudo", observou ele sabiamente, sem antes identificar e tirar proveito da oportunidade que se apresentava. Esse tipo de ação é estagnação. Trata-se de avançar com compromisso e resolução. "Resolução" vem do latim *"resolvere"*, e significa *soltar*. Geralmente usamos o termo "solvente" para descrever um líquido que libera e solta uma ou mais de uma substância. É isso que a resolução — a *verdadeira* resolução — faz em nossas vidas. Ela libera o que pode estar impedindo nosso progresso.

Agir com propósito solta as algemas da procrastinação. "Procrastinação" vem do latim *"pro"*, que significa *adiante*, e *"crastinus"*, que significa *amanhã*. Essa forma corrosiva de inatividade ilude muitas pessoas a acreditar que, de algum modo, elas irão *adiante amanhã*.

O progresso é feito com um passo de cada vez. *"Pro"*, como falei, significa *adiante*, e *"gresso"* é *mover*. Quando fazemos "progresso" na vida, nós nos *movemos adiante* em nossa jornada.

Então Arthur, cuja onda de vitórias em "Desafie o professor" acabara de chegar ao fim, piscou para mim e disse:

— Kevin, você realmente está começando a progredir na perícia linguística.

COMPROMETIMENTO TOTAL

Certa vez, pulei de um avião perfeitamente seguro. Fui até a Economy Jumping School, onde, por 45 dólares (e após quatro horas de treinamento), você obtém o direito de voar a novecentos metros de altura num Cessna 172 sem porta e... pular.

Levei três amigos comigo, e quando o avião ficou em posição, estávamos amontoados o mais distante possível da porta aberta. O piloto estava na poltrona à esquerda e o instrutor estava agachado em frente à abertura, pronto para chamar pelos nossos nomes. Quando chegou a minha vez, ele disse:

— Kevin, está na hora de saltar.

Eu empurrei meu amigo cujo nome também era Kevin. O oficial apontou para mim e gritou:

— Não, você com o rosto pequeno e redondo!

É nesse momento, quando você vai para perto da porta e espia os remendos verdes do chão lá embaixo, que você percebe pela primeira vez que eles não param o avião para você saltar. Você está a mais de 110 quilômetros por hora e eles lhe dizem para colocar os dois pés em um prato de metal mais ou menos do tamanho de um sapato. Então você deve se jogar para a frente e segurar na escora da asa.

Pouco mais de um metro à frente, na escora da asa, há uma linha preta. Você é instruído a se certificar de se pendurar além da linha preta, porque, se não fizer isso, corre o risco de bater na cauda, e todos nós sabemos que coisas ruins acontecem quando você bate na cauda.

Então ali estava eu, pendurado na escora da asa, com meus pés balançando. E eu ouvi o instrutor gritar uma única palavra: "Pule!"

No treinamento, a instrução é: quando ele disser "Pule", devemos imediatamente soltar a escora da asa, arquear nossas costas e começar a contar, "51, 52, 53, 54" e, quando chegar a "55", o paraquedas deve abrir pela linha estática presa ao avião.

Mas quando o oficial disse "Pule", tive dificuldade para soltar. Na verdade, por um instante imaginei o avião aterrissando e eu pendurado na ponta da asa.

Percebendo minha hesitação, o oficial apanhou uma vara de madeira comprida com um martelo de borracha na ponta. Havíamos sido avisados de que se ficássemos paralisados e não quiséssemos saltar, ele nos ajudaria batendo em nossa mão para soltarmos a escora da asa. Quando vi que ele havia apanhado a vara de madeira, soltei-me da asa. Esqueci de contar. Em vez de dizer "51", disse apenas: "Ahhhhgggaaahhgggggg!"

É nesse momento, depois de você soltar e ficar totalmente comprometido com o motivo pelo qual está ali, que a afobação, o medo e a excitação se transformam em uma única emoção. É uma experiência verdadeiramente estimulante. Então, segundos depois, se você tiver sorte, seu paraquedas se abre — o meu abriu. De repente, tudo passa a valer a pena. Você está flutuando no ar, olhando a terra lá embaixo, que nunca pareceu mais bonita. Você vê o campo onde deve pousar; vê a biruta que o ajuda a estimar o ângulo de descida. Tudo em cores e com o foco nítido. Você vê os batoques do paraquedas que o ajudam a virar. Virei mais ou menos 360 graus e depois consegui planar e pousar em segurança. Momentos depois, o Cessna desceu e aterrissou. Se eu não tivesse soltado a escora da asa, o voo teria sido bem diferente para mim e para o avião, e não no bom sentido.

Ação propositada

Adiar para amanhã o que podemos fazer hoje vai contra a natureza. O maior homem das letras da Alemanha, Johann Wolfgang von Goethe, escreveu: "A natureza não conhece pausa em progresso e desenvolvimento, e prende seu curso a toda inação."

Em *O maior vendedor do mundo*, Og Mandino apresenta um antigo pergaminho intitulado "Eu agirei agora". Em parte, este diz: "Minha procrastinação, que me atrasa, nasceu do medo, e agora reconheço esse segredo extraído das profundezas de todos os corações corajosos. Agora sei que para vencer o medo tenho que agir sempre sem hesitação, e as palpitações em meu coração irão desaparecer. Agora sei que a ação reduz o leão do terror a uma formiga de equanimidade."

O medo frequentemente nada mais é do que falsas emoções parecendo reais. O "medo do fracasso" e o "medo do sucesso" podem ser superados pondo firmemente um pé diante do outro em uma posição inabalável e com uma resolução firme.

A ação propositada sempre prevalecerá sobre a inação passiva. Confúcio, o grande filósofo chinês, disse: "Onde quer que você vá, vá com todo o seu coração."

Dando tudo de si

A filosofia de "ir com tudo" pode ser especialmente curativa quando se trata de definir o sucesso pessoal. Se "*Ollin*" é a medida, "vencer" é possível, não importa qual seja o resultado final.

O corredor de nível internacional Henry Marsh era o favorito disparado para ganhar a medalha de ouro nas Olimpíadas de 1984 na especialidade dele, os 3 mil metros com obstáculos. Era quase uma conclusão antecipada que ele subiria no degrau mais alto do pódio dos vencedores, até que ele contraiu uma virose debilitante dias antes da corrida.

A enfermidade o deixou de cama, e ele não podia se arriscar a tomar nem mesmo o mais leve dos medicamentos por temer ingerir algo que estivesse na lista de remédios proibidos aos atletas olímpicos. Descansar na cama dificilmente é a maneira preferida de se aquecer para a maior corrida da carreira.

Durante a maior parte da vida, Henry havia treinado para esse momento. Ele tinha 30 anos, estava no auge como atleta. Era o primeiro colocado do mundo em corrida de obstáculos, uma prova de 3 mil metros que inclui diversas barreiras e fossos de água e envolve sete voltas e meia na pista. Nas provas americanas, que qualificam os atletas para as Olimpíadas, ele terminara em primeiro lugar, vencendo o campeonato americano pelo sétimo ano consecutivo. Se alguém estava pronto para coroar a carreira com uma vitória olímpica, esse alguém era Henry Marsh.

Mas então, no pior momento possível, ele adoeceu. Por pura força de vontade, ele saiu da cama a tempo de participar das duas corridas eliminatórias. Na final olímpica, depois de ficar na disputa durante sete voltas, ele começou a perder velocidade. Primeiro, um corredor do Quênia o ultrapassou; depois, um corredor da França e, finalmente, a alguns centímetros da linha de chegada, seu companheiro de equipe americano passou por ele. Henry terminou em quarto, um lugar fora das medalhas, e assim que cruzou a linha de chegada desabou sobre a pista inconsciente, incapaz de se mover. Paramédicos foram chamados para retirá-lo da pista. Ele demorou meia hora para se recuperar e se levantar novamente.

Conheci Henry alguns meses depois do que aconteceu, trabalhando com ele na Franklin. No escritório, ele tinha uma fama bastante merecida de ser extremamente positivo. O otimismo dele era contagiante. Nós nos tornamos amigos próximos e logo meus filhos já o chamavam de "tio Henry". Tenho afetuosas lembranças pessoais de viagens a negócios com ele, de férias familiares juntos e de exercícios no horário do almoço. Ele era o tio que você sempre quis ter por perto, por causa de sua tendência a ver o lado claro das coisas. Quando soube em detalhes o que acontecera com ele nas Olimpíadas, fiz-lhe a pergunta óbvia: como ele conseguia continuar positivo depois de uma decepção tão devastadora?

Em resposta à minha pergunta, ele me contou o resto da história. Explicou que teve uma conversa consigo mesmo antes da final e prometeu que se desse tudo de si na corrida, se pudesse se olhar no espelho e admitir verdadeiramente que não havia segurado nada, então ele não seria duro consigo mesmo, não importava a classificação. Ele adoecera, mas não podia fazer nada quanto a isso. Tudo o que pedia a si mesmo era total comprometimento.

— Fiquei satisfeito por dar tudo de mim — disse o homem que desmaiou um centímetro após a linha de chegada.

Portanto, ele se recusou a se punir e a participar do coro de pessoas bem-intencionadas que tentaram consolá-lo (ele recebeu milhares de cartões e cartas de solidariedade depois do evento) pelo que viam como uma colossal má sorte. Mas para Henry foi um triunfo, não importava o que dizia o placar. Ele entrara na corrida e dera tudo de si. Ele praticara *Ollin*. Ele se recusou a focar no que alguns viam como uma perda. Ele viu aquilo como uma vitória pessoal.

Essa atitude prevaleceu nas façanhas atléticas dele na temporada seguinte, quando Henry venceu outro campeonato americano de corrida de obstáculos, terminando à frente, entre outros, do companheiro de equipe que obtivera o terceiro lugar nas Olimpíadas e ganhara a medalha de bronze. Depois do que alguns viram como a "maior decepção" dele, Henry teve o melhor ano como corredor, alcançando o objetivo de correr 1.600 metros em menos de quatro minutos e batendo um novo recorde nacional em corrida de obstáculos, que não era batido há mais de vinte anos. A atitude positiva e o hábito de dar tudo de si o levaram ao sucesso no mundo dos negócios, onde ele se destaca como treinador, orador e empreendedor de marketing.

São as vitórias particulares que mais importam, que são sentidas mais profundamente e que duram mais. São os triunfos internos que não são registrados em placares ou transmitidos no noticiário que definem quem somos. *Ollin* é o que determina o sucesso em nossas vidas, e não a medida convencional de vencer e perder. Tendo isso como definição de sucesso, é possível para todos vencer o tempo todo.

Não recue

Você já viu algum surfista sair do carro e caminhar à vontade para as ondas? Quando estou em San Clemente, Califórnia, território de alguns dos melhores lugares para surfe do mundo, acho divertido ver os surfistas indo para a praia. Eles não caminham. Eles correm. Saltam. Pulam. Por quê? O motivo parece óbvio: eles não veem a hora de chegar lá — de chegar "com tudo". Não há nada no modo como eles se aproximam do oceano que sugira indecisão ou ambivalência. Eles não recuam. Não se aproximam da água com cuidado e põem o dedão dentro dela. Eles são o retrato do entusiasmo e do comprometimento total. Eles personificam *Ollin*.

Expandindo nossas zonas de conforto

Um antigo mentor meu, Jim Newman, autor de *Release Your Breaks!* e um dos pioneiros na área de desenvolvimento e potencial humano — um homem que influenciou e trabalhou com líderes inovadores como Denis Waitley, Brian Tracy, Stephen R. Covey, Lou Tice e Jack Canfield —, ensinava sobre a importância de soltar o que aparentemente está protegido e seguro, para que possamos realmente subir. Ele chamava os lugares onde gravitamos e tentamos nos pendurar de "zonas de conforto".

Todos nós temos zonas de conforto. Temos roupas confortáveis, amigos que nos confortam, comidas que nos confortam. Qual é a comida que você come em um jantar trivial? Provavelmente, a sua mesmo. E por que faz isso? Porque você conhece as mãos que a prepararam, conhece o gosto e sabe que é segura. Usamos roupas que nos confortam porque são macias e aconchegantes. Quando corto grama, uso roupas que adquiri no Havaí há vinte anos. Elas não estão na moda e têm buracos, mas são muito confortáveis e familiares, e eu me sinto feliz ali fora cortando minha grama. Encontramos amigos que nos fazem sentir protegidos e seguros, e ficamos contentes por nos apegarmos a eles, afastando-nos dos riscos necessários para formar novas amizades.

Porém, como Jim Newman ensinou, grande parte do que queremos e buscamos na vida está além do limite das nossas zonas de conforto. Se não nos dispomos a nos aventurar "lá fora", nunca encontraremos e teremos tudo o que realmente desejamos. Nunca realizaremos completamente nosso propósito. Para alcançar os objetivos e sonhos que temos, para viver a vida com todas as suas cores, para subir a alturas sonhadas e desejadas, precisamos expandir nossas zonas de conforto. Temos que estar dispostos a fazer o que é desconfortável até que isso se torne confortável. Aquele avião que me levou a um mergulho no céu fez com que eu me sentisse bastante desconfortável, e quanto mais alto chegávamos, mais desconfortável eu ficava. Mas só quando me dispus a saltar foi que consegui descobrir novos horizontes e experimentar uma realização que eu nunca poderia ter encontrado ficando nos confins seguros do veículo.

Alcance, estique, expanda, salte "com tudo". Não hesitamos ou vacilamos. Não seguimos parte do caminho. Saltamos bem lá dentro. Mergulhamos na ação.

Aqueles que praticam *Ollin* e expandem as zonas de conforto não vivem a vida como espectadores. Eles saem da margem do campo e entram no jogo. Assumem o controle das suas vidas. Em vez de se verem como termômetros, como um reflexo do ambiente externo, eles se veem como termostatos, capazes de regular e controlar o ambiente que os cerca. Eles vivem as palavras que a poetisa americana Ella Wheeler Wilcox escreveu: "Não há chance, destino ou sorte que possa contornar, impedir ou controlar a firme resolução de uma alma determinada."

"Sair com tudo" para "entrar com tudo"

Às vezes, entrar "com tudo" significa *sair com tudo*. Significa sair da patologia que mantém você aprisionado. Significa assumir o controle de sua vida — não importa o quanto ela possa parecer fora de controle — com firme e destemida resolução.

Ninguém exemplifica melhor essa saída do que minha amiga Julia Stewart. Ela cresceu em um ambiente hostil, em meio a brigas constantes dos pais. As repetidas tentativas dela de remediar a situação foram inúteis, e as visitas da polícia à sua casa se tornaram uma rotina. A escola, um lugar que antes lhe servia como um santuário, tornou-se uma fábrica de rumores e humilhação.

Quando a vida em casa se tornava cada vez mais violenta e insuportável, ela decidiu fazer algo drástico antes que alguém morresse. O terremoto do qual precisava fugir estava por toda parte, então, certa noite, ela entrou em um ônibus e saiu de casa. Depois de três dias refletindo, voltou com uma visão mais clara do problema, fez um apelo para que ajudassem aqueles que ela amava e conseguiu.

Embora jovem e impressionável, Julia resolveu não deixar que as circunstâncias dominassem sua vida. Ela decidiu abandonar o sofrimento e a condição de vítima, porque sabia no fundo de seu coração que tinha de existir um caminho melhor. Essa decisão mudou o rumo da sua vida. Ela voltou e concluiu o ensino médio. Foi trabalhar como recepcionista em um restaurante especializado em panquecas e conseguiu ingressar na faculdade. Voltou a trabalhar em restaurantes depois de terminar a faculdade, cresceu profissionalmente e se tornou uma das mais reverenciadas e respeitadas executivas em sua indústria.

Julia é hoje CEO da IHOP, a empresa que controla o pequeno restaurante de panquecas em que ela trabalhou, e da Applebee's, a maior rede de restaurantes casuais do mundo. Seu estilo de liderança é famoso. Ela é bastante consciente das necessidades dos funcionários e compreensiva com eles. Sabe que o importante na vida não é o que aconteceu com você, mas o que é feito em relação ao que aconteceu. Ela entende que sair com tudo pode levar você a "entrar com tudo".

Ollin é sua saída. Você não pode superar abusos, vícios, obesidade ou dívidas, sem se libertar dessas coisas. Você não pode fazer isso um pouco de cada vez. Você tem que sair com tudo. O que quer que seja, depois que decidiu a direção que quer seguir, você precisa se comprometer com todo o seu coração, força, mente e firmeza.

Ollin não é algo que você faz em meio expediente. Não é algo que você faz de vez em quando ou apenas quando é conveniente. *Ollin* é algo que você pratica todos os dias. É um hábito — que traz recompensas impressionantes. "Hábito", conforme aprendi com o mestre das palavras, deriva do latim e significa *roupa*. Um hábito não era simplesmente algo que você fazia; era algo que você mantinha ou possuía, algo que você vestia todos os dias.

SE NÃO CONSEGUE CAMINHAR, NADE

No mesmo lugar junto à praia onde eu gostava de caminhar e ver aqueles surfistas apaixonados, fiz uma curva certo dia e quase liguei para a polícia. Achei que um traficante de drogas estava "desovando" um corpo.

Ali, na água salgada, onde a maré encontra a areia, vi, incrédulo, um homem tirando uma mulher de uma cadeira de rodas, jogando-a na água e depois voltando para a praia com a cadeira vazia. Mas antes que eu fizesse mais alguma coisa, o homem correu de volta para onde a mulher estava, na água, e juntos eles começaram a nadar a favor da maré. Hipnotizado, observei-os nadando até o fim do píer San Clemente, a quatrocentos metros de distância. De vez em quando, eu podia ver os pés de pato deles saindo da água, refletindo os raios de sol.

Resolvi esperá-los voltar à praia para conhecê-los, sem saber que isso poderia demorar algum tempo. Durante mais de uma hora, a dupla nadou nas ondas do oceano, chegando à extremidade do píer e voltando. Eles nadavam com força, mas de uma forma metódica, como se não tivessem pressa alguma.

Por fim, eles voltaram à praia e vi novamente o homem correndo pela areia até a cadeira de rodas e levando-a de volta à beira da água, onde encontrou a mulher, que estava acabando de nadar. E tão habilmente quanto a colocara na água salgada, ele a ajudou a voltar para a cadeira. Em seguida, levou-a até o caminho junto à praia. Depois de me aproximar e me apresentar, finalmente tive a oportunidade de ouvir a história deles.

Eles se apresentaram como Richard e Mary e explicaram que vinham até esse trecho da praia para nadar quase todos os dias. O motivo da cadeira de rodas e da entrada brusca de Mary no oceano, explicaram, tinha a ver com um diagnóstico de cerca de duas décadas antes, quando ela foi informada de que tinha esclerose múltipla, uma doença incapacitante que ataca o sistema imunológico e torna os músculos cada vez mais ineficientes.

Porém, se Mary não podia caminhar muito bem, mas podia flutuar. Sempre fora uma boa nadadora, e esse era o exercício dela por opção. No oceano, sua esclerose múltipla não podia impedi-la. A parte difícil era chegar à água. Nessa parte, Richard entrava. Ele era seu táxi aquático. Richard explicou que ele e Mary vinham à área do píer para nadar há dez anos, e ele aprendera a jogá-la com jeito no oceano, a uma profundidade segura, para depois correr com a cadeira de volta à praia, retornar para ajudá-la a se orientar e nadar com ela até o píer.

Ele me assegurou que eu não era a primeira pessoa a testemunhar aquele incomum lançamento ao mar.

Para Richard e Mary, o nado no oceano era parte importante da vida. Mantinha o corpo ativo, sustentou ela, e a ajudava a manter sua esclerose múltipla sob controle e a energia positiva. Mantinha Richard em contato com a mulher que ele amava e lhe proporcionava o exercício de que ele também precisava.

Só porque uma onda da vida os derrubara não significou que eles se isolaram na segurança de casa, fecharam a cortina, enrolaram-se na cama e ficaram ali. Eles não se tornaram vítimas. Não se submeteram à autopiedade.

— Eu podia ficar sentada em casa o dia inteiro e à noite ir para a cama chorando — disse Mary. — Mas acredito que cada um de nós tem uma missão, e eu não deixaria que isso me impedisse de realizar a minha.

A resposta de Mary e Richard ao desafio da esclerose múltipla não foi se entregar; foi mergulhar mais fundo do que nunca. Eles se recusaram a ser espectadores. O brilho deles ao fim daquele nado diário refletia uma satisfação e um contentamento com a vida que só aqueles que estão completamente envolvidos irradiam.

As palavras *"Ollin"* e "paixão" são os dois lados da mesma moeda. São companheiras, inexoravelmente entrelaçadas. Juntas, produzem enormes resultados. Quando decidimos aquilo pelo qual nos dispomos a sofrer e aquilo pelo qual nos dispomos a agir, o mundo se abre. Como os antigos astecas sabiam, quando o terremoto chega, você tem que se mover, e tem que ser *agora*. Você tem que ficar *Ollin*.

Pensamentos sobre *Ollin*
em meu diário

Ir "com tudo" significa comprometimento total.

Ollin não é algo que você faz parte do tempo ou apenas quando tem vontade.

Dorothea Brande escreveu: "Tudo o que é preciso para romper o feitiço da inércia e da frustração é: aja como se fosse impossível fracassar. Este é o talismã, esta é a fórmula, a ordem de meia-volta volver que nos vira do fracasso para o sucesso."

O que eu faria se soubesse que não posso fracassar?

O que me atrai?

O que me energiza?

O que me faz sentir que estou em minha melhor forma?

Qual é o objetivo, a ideia, a relação, o trabalho ou o sonho que me faz querer começar a correr e saltar "com tudo"?

O que aconteceria se eu me comprometesse a ir "com tudo" em meu casamento? Em minha saúde? Em minha carreira? Em minha educação? Em minhas finanças? Em minhas relações pessoais?

"*Magnum*" é uma palavra latina para "grande". "*Opus*" significa trabalho. Qual é o meu grande trabalho, meu *magnum opus*?

Eu preciso saltar com todo o coração para realizar meu grande trabalho. Fazendo cinco coisas positivas todos os dias para conseguir isso, posso realizar meu objetivo. Imagine dar cinco golpes de machado todos os dias em uma árvore. Não importa o quanto seja grande ou forte, a árvore acabará caindo.

Quando ajo como se fosse impossível fracassar, forças invisíveis aparecem para me ajudar e desenvolvo o que os astecas chamavam de "coração *Ollin*".

IDENTIFIQUE E HOMENAGEIE UM PRATICANTE DE
Ollin

SELECIONE alguém que você conhece cujo comportamento mais reflita os princípios de *Ollin*.

ESCREVA o nome dessa pessoa no quadro abaixo.

PROCURE essa pessoa, ensine a ela o significado de "*Ollin*" e explique por que ela personifica essa palavra.

CAPÍTULO ONZE

Integridade

Viver uma vida de integridade começa com fazer e manter promessas, até que toda a personalidade humana, os sentidos, os pensamentos e a intuição estejam por fim integrados e harmonizados.

— STEPHEN R. COVEY

Eu havia acabado de colocar uma panela de mingau de aveia no fogo quando ouvi o telefone tocar no meu escritório. No tempo em que fui atender o telefone e voltei, o mingau queimou e a panela ficou esturricada. Minha filha de 11 anos, Sharwan, recebeu a missão de lavar a louça naquele dia e me fuzilou com um olhar.

— Não se preocupe com aquela panela — falei. — Eu a queimei e vou limpá-la. Vá em frente e lave todas as outras coisas que mais tarde eu cuido disso.

Na manhã seguinte, Sharwan entrou em meu quarto segurando a panela suja, com uma expressão de espanto nos olhos.

— Pai, você prometeu que limparia isso — disse ela. — Você está escrevendo um livro sobre palavras, mas não mantém a sua.

A acusação me doeu como apenas uma acusação sincera consegue doer. Perguntei-me quantas vezes havia prometido alguma coisa e decepcionado a outra pessoa. Na mesma hora pedi desculpas e lavei a panela. Não esperei até o dia seguinte. Fiz o que qualquer pai apanhado em flagrante faria: levantei e lavei a panela — decidido a cumprir minha palavra da próxima vez.

Eu claramente precisava trabalhar minha integridade.

Inteiro e completo

Poucas palavras têm um significado mais profundo do que "integridade". Sua definição moderna popular é ser honesto e ter forte convicção moral, mas suas raízes são muito mais profundas do que isso. "Integridade" vem do latim *"integer"*, que na língua inglesa pode ser traduzido para número inteiro. A integridade da palavra de alguém significa que nossa palavra é *inteira* e *completa*. Não apenas parte de nossa palavra. Não apenas uma fração de nossa palavra. Não apenas dois terços, três quartos ou nove décimos de nossa palavra. Não parte do tempo. Ser inteiro e completo com nossa palavra requer viver 100% da nossa palavra o tempo inteiro.

A integridade genuína é a mais rara de todas as características de personalidade. Não é facilmente obtida ou mantida. É uma qualidade reverenciada, que traz extraordinários valor e apreço para a vida de alguém.

Um dos maiores elogios que se pode receber é ser chamado de "uma pessoa de total integridade".

Sine cera

Na Itália antiga, escultores inescrupulosos escondiam falhas nas obras enchendo-as de cera, portanto, apresentando as esculturas como algo que elas não eram. Era só uma questão de tempo até a cera derreter ou se esfarelar, revelando a falha tanto da obra quanto do artista. Artesãos autênticos começaram a identificar suas obras de arte como genuínas estampando em cada peça as palavras em latim *"sine cera"*. *"Sine"* significa *sem*, ou seja, *sem cera*. Uma escultura "sincera" era uma escultura *sem cera*. Esse selo de autenticidade dava aos clientes confiança em relação ao que eles compravam.

Vazio ou inteiro

Quando estamos confortáveis com o que somos, deixamos de ficar desconfortáveis com o que não somos. Nós nos tornamos um só com a criação quando honramos as promessas que fizemos a nós mesmos e aos outros. Nós criamos uma vida de abundância e realização quando somos um só com a palavra.

Quando somos um só com a palavra, somos um só com o mundo.

As palavras de William Shakespeare soam com ressonância atemporal: "Sobretudo, sê a ti próprio fiel; segue-se disso, como o dia à noite, que a ninguém poderás jamais ser falso."

Quando tentamos em vão enganar a nós mesmos, comprometemos e complicamos quem somos, e ao fazer isso nos tornamos uma fração do que poderíamos ser.

Integridade significa uma vida de *totalidade*. É uma completude que traz bênçãos de simplicidade e harmonia para nossas vidas. "Abençoar" é *tornar sagrado*. Nosso caminho se torna um caminho sagrado de santidade quando somos inteiros. Quando não somos inteiros, nosso caminho se torna um caminho vazio — em inglês, *"hollow"*. *"Hollow"* vem de *"hole"* ("buraco"), que é o que resta da palavra *"whole"* ("inteiro") quando se tira a primeira letra. Vazio é também o que nos tornamos quando optamos por ser apenas parte do que realmente somos.

Um gigante

Um dos verdadeiros gigantes de minha vida foi meu monitor na época em que fui escoteiro, Lester Ray Freeman. Sua altura mal passava de um metro e meio e, embora eu fosse mais alto do que ele (mesmo no tempo em que era escoteiro, aos 12 anos), a influência considerável que ele teve em minha vida não pode ser medida com uma simples régua.

O monitor Ray fez o primeiro seminário de desenvolvimento humano do qual participei. Não foi em um salão de hotel ou na sala de diretoria de uma corporação, foi realizado no ambiente favorito dele: ao ar livre, na natureza. Ele me mostrou como sobreviver e cuidar de mim mesmo quando exposto às forças da natureza. Ensinou-me como estabelecer um objetivo, como ter uma meta, como seguir um caminho na direção dos meus sonhos e como ajudar os outros a fazer o mesmo. Sobretudo, ele era a clara personificação de como ser contente com quem você é e com quem você nasceu para ser.

Ray nasceu com membros desproporcionais — uma doença genética que fez os ossos de seus braços e pernas se desenvolverem menos, ficando mais curtos e grossos do que o normal. Como resultado, sua altura foi inibida. Quando era criança, com frequência apontavam para ele e zombavam. Muitas vezes ele buscava refúgio na natureza. Quando era um menino, passava todo ano uma temporada de verão nas montanhas acompanhando o pai, um pastor de ovelhas, enquanto este cuidava do seu rebanho. Ray cresceu amando a vida ao ar livre, porque os espaços abertos renovavam seu espírito e restauravam seu senso de valor. Ele vivia as célebres palavras de John Burroughs: "Vou à natureza para me acalmar e me curar, e para colocar meus sentidos em ordem." Ele aprendeu que a Mãe Natureza, como observou Burroughs, ensina mais do que prega. E através de uma profunda observação percebeu que todas as criações da natureza são singularmente diferentes, que não existe um molde perfeito. Enquanto seguia o rebanho e se movia pela natureza, a natureza se movia através dele. Um senso de pertencimento e de aceitação incondicional invadiu sua alma. Seu santuário nas montanhas serviu para lhe ensinar que a natureza não exclui ninguém, e essa consciência permitiu a ele descobrir seu eu natural e ser quem ele foi feito para ser.

A peregrinação anual de Ray à floresta continuou depois de ele se tornar nosso monitor, porque intimamente ele sabia dos benefícios de cura advindos do contato com a Mãe Natureza. Ele sabia que ficar ao ar livre na verdade nos ajuda a ficar dentro; assim como ele se encontrou em seus momentos privados de solidão, podíamos, de maneira semelhante, nos encontrar.

Ray tratava a nós, escoteiros, com tanto respeito e dignidade que o encarávamos como se ele tivesse três metros de altura.

Ele trabalhava como pedreiro em uma fundição de aço. Seus braços curtos e musculosos eram tão fortes quanto o de que qualquer homem que já vi. Seus colegas de trabalho o chamavam de "Pequeno", e ele respondia sem rancor.

"Você vive com o que tem", lembro-me dele nos dizendo. "Não faz sentido algum chorar e gritar pelo que você não tem. E também não é bom."

"Não tenho pernas compridas. Grande coisa", ele costumava dizer.

Ele sorria e dizia que era o único cara na fundição que não tinha cortes nem arranhões em seu capacete.

"Seja você mesmo; não tente ser outra pessoa", ele nos dizia. "E relaxe com isso. Eu nunca tentei ser ninguém além de mim."

Ray sempre exigia mais de mim e de todos os escoteiros de nossa tropa. Ele me ensinou que eu podia fazer mais e ser mais. Ele leu em algum lugar que os escoteiros mantinham uma classificação com as cinquenta melhores tropas dos Estados Unidos. Disse que podíamos fazer parte dessa lista se realmente quiséssemos. Um ano depois, nosso pequeno grupo de meninos sem jeito estava em 47º lugar na lista nacional de tropas de nossa categoria.

Sendo quem você é

Perdi Ray de vista durante mais de um quarto de século. Nesse meio-tempo, segui minha carreira e iniciei uma família. Um dia, quando estava refletindo sobre as pessoas que tiveram um impacto mais profundo em minha vida, seu nome estava no topo da lista. Perguntei-me se ele ainda estava vivo e se poderia encontrá-lo. Telefonei para o serviço de informações da cidade onde ele morava. Segundos depois de receber seu número de telefone, liguei para ele e caiu na secretária eletrônica. Deixei uma mensagem. No dia seguinte, minha mulher, Sherry, veio correndo até mim com meu telefone celular na mão e, ofegante, disse:

— É o seu monitor do grupo de escoteiros, Ray Freeman, o cara do qual você me fala há vinte anos.

Eu mal consegui colocar o telefone no ouvido. Com meu coração pulando na garganta, limpei a voz e disse "alô" ao homem que me ensinara que eu podia fazer coisas que achava que não podia fazer.

Do outro lado da linha, ouvi a voz estrondosa de Ray urrando:

— Kevin Hall! Como você está?

— Estou ótimo, Ray — falei. — E também muito feliz por você me ligar de volta. Há muito tempo estou tentando encontrá-lo. Onde você está morando agora?

Ray respondeu com uma risada retumbante.

— Ora, Kevin, meu garoto, estou bem aqui onde sempre estive. Estou morando na mesma rua, na mesma casa onde moro há 45 anos!

Era o antigo Ray. O verdadeiro. Não havia mudado nada. Sabia quem era e onde estava.

Combinamos de nos encontrar na casa dele. Quando me aproximava de sua residência, alguns dias depois, eu me vi dirigindo pela mesma rua por onde pedalara e caminhara centenas de vezes antes, e antigas emoções familiares brotaram dentro de mim. Era ali, na casa de Ray, que eu havia passado incontáveis horas trabalhando as habilidades necessárias para me tornar um Eagle Scout. Lembranças vieram à tona enquanto eu caminhava pela entrada de cascalho. Lembrei-me de Ray seguindo de barco ao meu lado, caso eu congelasse nadando os 1.600 metros exigidos... Ray checando nossas barracas toda noite para se certificar de que estávamos sãos e salvos... Ray cuidando de mim quando bati com a mão na porta de um caminhão e quase tive um colapso em um acampamento no alto de uma montanha. Neva, sua mulher de 50 anos, recebeu-me à porta da frente e me conduziu para dentro. Quando pus os pés na modesta casa em que eles viviam, percebi o quanto esta parecia menor comparada aos meus tempos de menino. Ray estava sentado no canto, ainda grandioso, segurando alguma coisa com suas mãos fortes. Ele se levantou, apertou minha mão com firmeza e, com um sorriso de orelha a orelha, apanhou e me entregou

uma bela paisagem de natureza que talhara em madeira.
Como era apropriado, pensei que esse homem que sabia
esculpir e moldar as pontas rudes típicas de meninos estivesse agora fazendo a mesma coisa com pedaços de madeira bruta.

— Kevin, isso é para você — disse ele com brilho nos
olhos.

— Não posso aceitar, Ray. Você deve ter levado horas
para esculpir — protestei.

Ele inclinou a cabeça para trás e gargalhou:

— Tempo é tudo que tenho. É realmente tudo o que
sempre tive para dar. Agora pegue isso ou você vai ferir
meus sentimentos.

Humildemente aceitei o presente e me sentei no sofá ao
lado do fogão a lenha aceso, na sala de estar curiosa da
casa que ele construiu tábua a tábua, com as próprias
mãos. Juntos, falamos sobre seus mais de vinte anos como
monitor de escoteiros. Lembrei-lhe de como ele se escon-
dia atrás dos arbustos e nos assustava, e esguichava água,
e nos acordava de manhã rugindo feito um urso.

— Não é minha culpa — protestou ele. — Acho que eu
nunca cresci.

Ele me levou ao quarto extra que transformara em escritório. Abriu uma gaveta da escrivaninha e disse:

— Aqui estão as pastas de cada menino que esteve em
minha tropa de escoteiros.

Eu não conseguia acreditar. Falei:

— Centenas de meninos estiveram em sua tropa. Você
tem uma pasta para cada um?

— Tenho uma pasta para cada garoto. Registrei cada
objetivo, cada progresso, cada marco significativo. — Ele

esticou o braço bem atrás da pilha e continuou. — Kevin, aqui está a sua pasta.

Dentro havia um resumo da minha infância. Ali estava a prova empírica de que Ray Freeman estivera comigo em cada passo do caminho. Ele sabia quem eu era, onde eu precisava ir e o que eu precisava fazer. Ele era o descobridor de caminhos perfeito. Durante seu mandato de vinte anos, viu mais de quatro dúzias de meninos se tornarem Eagle Scouts — a maior honraria do escotismo nos Estados Unidos —, um número prodigioso para qualquer monitor.

Ray Freeman me ensinou tudo o que eu precisava saber sobre integridade quando éramos escoteiros. Ensinou-me a trabalhar em equipe, ensinou-me a manter minha palavra, ensinou-me a estar preparado, ensinou-me a resolver problemas e inovar juntos. Quando saí da casa dele e entrei em meu carro, ele acenou da porta. A mulher estava ao seu lado, trinta centímetros mais alta, e, exatamente como quando eu era criança, fiquei surpreso ao notar novamente a altura de Ray. Sempre foi assim. Você falava cinco minutos com ele e era incapaz de notar que ele não era o homem mais alto que já havia conhecido. Ele se sentia alto.

Dei uma última olhada no homem mais completo que já conheci e me lembrei novamente que, com pessoas íntegras, o que você vê é sempre o que parece. Ray é completamente coerente sendo quem ele é. Ele é inteiro, autêntico e completo. Ele é integridade. Não é de se admirar que pudesse ver a totalidade em todos à sua volta.

Oscar Wilde expressou isso muito bem: "Seja você mesmo. Todos os outros já estão ocupados."

Tudo no lugar

O lema dos escoteiros é "Sempre alerta". Os franceses têm uma expressão semelhante, *"mise en place"*. Significa *pôr tudo no lugar*. Quando se preparam para fazer o prato que é sua marca registrada, os chefs franceses só começam depois de reunir todos os ingredientes e instrumentos de que precisam. Toda a cozinha é organizada: os temperos, as facas corretas, os utensílios para o preparo, as xícaras para medir. Eles nunca improvisam. Tudo é devidamente medido e arrumado na ordem certa para que, ao chegar a hora, esteja tudo pronto para ser utilizado. Eles sabem a importância de cada elemento e como pode ser desastroso deixar alguma coisa de fora.

Na vida, os problemas começam quando não estamos no lugar e quando o que precisamos usar não está no lugar. Quando falhamos ao nos preparar, nos preparamos para falhar. Quando percorremos parte do caminho, tomamos atalhos ou fazemos o mínimo de esforço sabendo que está faltando uma parte ou que deixamos de percorrê-la, estamos nos estruturando para o fracasso.

Quantos atalhos já tomamos que realmente nos pouparam tempo? Ainda assim, o mundo está cheio de promessas superficiais e atalhos. Eu estava passando por uma banca de revistas e vi estas manchetes: "Livre-se das dívidas em três meses!", "Perca a barriga em apenas 12 dias!", "Plano de dez dias para a beleza máxima", "Uma hora para saúde & energia!", "Fique rico rápido!". Uma revista de golfe prometia: "Corrija um *slice* em dez segundos!" Essa poluição periférica está em toda parte anunciando o conserto rápido e proclamando gratificações imediatas. Ela esconde as lições simples, claras e silenciosas da natureza. A natureza não toma atalhos. Não pula estações.

Não oferece resultados imediatos. Temos que plantar para podermos colher. Não há exceções.

É realmente tentador termos o que queremos quando queremos, mas isso não é integridade. Integridade é a soma de todas as partes. E atalhos, por definição, não incluem todas as partes. Integridade é a combinação de tempo, esforço, persistência e propósito.

Uma vida de integridade também significa entender, aceitar e receber a ajuda, o apoio psicológico e os conselhos dos outros. Em tecnologia, um circuito integrado combina todos os componentes necessários em um todo. Quando nos conectamos com outros e compartilhamos as forças uns com os outros, temos um circuito integrado correndo em nossas vidas.

Juntos podemos fazer muito

Um exemplo do quero dizer com circuito humano integrado é a equipe pai-e-filho de Patrick John Hughes e Patrick Henry Hughes. Conheci os dois Pats no circuito de oradores.

Patrick Henry Hughes nasceu sem os olhos e com um enrijecimento nas articulações que o impedia de estender completamente os membros. Cego e incapacitado, parecia haver pouco futuro para o menino. Porém, quando ele cresceu o suficiente para ser posto no banco do piano da sala de estar dos Hughes, seus pais fizeram uma descoberta extraordinária: o garoto de 1 ano podia tocar melodias quase imediatamente após ouvi-las. Mais milagrosamente ainda, ele estava tocando o que lhe pediam um ano depois, na tenra idade de 2 anos.

Patrick e Patricia Hughes partiram então para dar ao filho todas as oportunidades para ele desenvolver seu talento musical. Depois de Patrick se formar no ensino médio, em sua cidade, Louisville, Kentucky, com uma fama que o precedia, o diretor da banda da University of Louisville o convidou para integrar a banda marcial.

Patrick ficou lisonjeado com o convite, mas também confuso. "Como diabos vou marchar?", quis saber.

Foi quando o pai dele interveio.

O diretor combinou que Patrick se sentaria na cadeira de rodas e tocaria corneta enquanto o pai do rapaz o conduziria em campo. Eles se tornaram um só integrante da banda marcial de Louisville. Em cada jogo, assumiam o lugar na formação como qualquer outro membro da banda. A visão do que duas pessoas podiam fazer agindo como uma era uma inspiração para todos. Depois dos jogos, o jovem Patrick era tão festejado por fãs quanto os jogadores de futebol americano.

Tocar na banda marcial não é a única realização de Patrick. Os pais dele lhe proporcionaram tantas oportunidades quanto podiam para ajudá-lo a encontrar o caminho e propósito. Ele tem apresentado sua música em casas de espetáculos que vão do Grand Ole Opry, em Nashville, ao Kennedy Center, em Washington, D.C., e escreveu o livro *Eu posso*, no qual explica em detalhes sua realização ao expressar seus dons. "Não tenho inabilidade alguma, apenas mais habilidades", disse ele certa vez a um entrevistador de televisão. "Deus me fez cego e incapaz de andar. Grande coisa. Ele me deu os dons musicais que tenho e a grande oportunidade de conhecer pessoas novas."

A família Hughes é um exemplo do poder e da força que se desenvolvem quando as várias partes de uma unidade — no caso deles, a unidade familiar — se juntam para produzir algo que não seria possível de outro modo. Helen Keller, que trilhou um caminho semelhante ao do jovem Patrick muitos anos antes, reconheceu que, "sozinhos, podemos fazer muito pouco; juntos, podemos fazer muito".

É impressionante o que acontece quando um grupo se entusiasma com uma causa em comum. Testemunhei um exemplo incrível disso quando um associado meu na indústria da hospitalidade, Billy Shore, formou uma organização de donos de restaurante no país. Eles iniciaram uma missão para começar a pôr fim à fome das crianças. Toda noite, nos Estados Unidos e em todo o mundo, milhões de crianças vão dormir com fome. Era um desafio grandioso e formidável. Mas esses líderes de negócios sabiam que grandes quantidades de comida vão para o lixo todos os dias na própria indústria. Então eles organizaram um plano para pegar a comida excedente e distribuí-la a crianças necessitadas. Além disso, organizaram os eventos "Taste of the Nation", para usar suas habilidades culinárias combinadas a fim de levantar fundos com o objetivo de comprar mais comida para ser distribuída. Nos primeiros quatro anos, a Share Our Strenght serviu mais de 40 milhões de refeições a crianças famintas. Desde então, o número continua a crescer a cada ano. Billy sabia que não podia fazer muita coisa sozinho, mas, ligando-se a outros, milhões de crianças famintas têm sido alimentadas.

UM TIME INTEGRAL

Nosso caminho não foi feito para percorrermos sozinhos. Nos capítulos anteriores, falamos bastante sobre a importância de reconhecer pessoas que aparecem em nosso caminho para nos ajudar a encontrar e cumprir nosso propósito. Identifique esses descobridores de caminhos cruciais e torne-os uma comissão pessoal de conselheiros que possam ser consultados.. O talento, a força e a experiência desses conselheiros podem, muitas vezes, tornar nossa fraqueza irrelevante, porque eles nos ajudam a focar em nossas forças.

Napoleon Hill ensinou que "as pessoas adquirem a natureza, os hábitos e o poder de pensamento daqueles com os quais se associam em um espírito de compreensão e harmonia... Duas mentes nunca se juntam sem assim criar uma terceira força invisível, intangível, que pode ser comparada a uma terceira mente".

Podemos começar no alto da curva de aprendizado e estabelecer um poder pessoal em nossas vidas enquanto procuramos os conselheiros da nossa comissão pessoal e pedimos ajuda a eles para identificar e desenvolver as forças únicas que temos. Eles trarão ideias, sugestões e planos para nos ajudar a alcançar os objetivos e definir nosso propósito na vida.

Criar um time integral significa nos cercarmos de pessoas que estão crescendo, melhorando, aprendendo e fazendo diferença. O empreendedor e renomado orador Jim Rohn nos lembra que "somos a média das cinco pessoas com as quais passamos mais tempo".

Quando as forças estão integradas, o time inteiro será sempre maior do que a soma das partes, o que é a definição final de sinergia. Coisas incríveis acontecem quando todos contribuem.

Pensamentos sobre *Integridade* em meu diário

Ralph Waldo Emerson disse: "Eu não consigo encontrar uma linguagem com energia suficiente para transmitir meu senso de sacralidade da integridade privada."

"Sagrado" vem do latim "*sacrare*", que significa consagrar e tornar santo.

"Privado" vem do latim "*privatus*", que significa pertencer a si mesmo.

Uma vida de verdadeira integridade engloba o privado e o sagrado. Totalidade e santidade se tornam minhas companhias sempre presentes.

Eu tenho um propósito nobre: escolho viver cada dia com excelência.

Thomas Edison disse: "Se fizéssemos todas as coisas que somos capazes de fazer, ficaríamos literalmente impressionados com nós mesmos."

É hora de começar a impressionar!

É hora de começar a realizar meu potencial!

É hora de começar a viver com propósito!

IDENTIFIQUE E HOMENAGEIE UMA PESSOA DE
Integridade

SELECIONE alguém que você conheça que personifique a integridade.

ESCREVA o nome dessa pessoa no quadro abaixo.

PROCURE essa pessoa, ensine a ela o significado de "Integridade" e explique por que ela personifica essa palavra.

CONCLUSÃO

Tardes com Arthur

Eu tinha algo que mal podia esperar para mostrar a Arthur. Representava os últimos quatro anos e meio da minha vida, uma jornada que começara inesperadamente e sem aviso nas ruas de Viena. Ali, no coração da Europa, um homem sábio da Índia me ensinou sobre *Genshai*, que eu chamaria de palavra secreta, porque me pôs à procura dos segredos de outras palavras e daqueles que podiam me ajudar a descobrir o poder secreto das palavras.

Foi essa procura que me levou a esse sábio e efervescente mestre das palavras, que me mostrou que existem palavras que nos ajudam a progredir em nosso caminho.

Apanhei minha pasta de documentos e retirei um grande maço de papéis. Era meu manuscrito. Continha as palavras que serviram de inspiração para cada um dos capítulos deste livro: *Genshai*. Descobridor de caminhos. Namastê. Paixão. *Sapere Vedere*. Humildade. Inspire. Empatia. Treinador. *Ollin*. Integridade.

Cada palavra eu discutira com Arthur, e cada palavra ele amplificara com sabedoria e percepção impressionantes.

Com as mãos grandes, ele apanhou o pacote, tendo um olhar de curiosidade infantil em seu rosto envelhecido. Um presente de palavras! Para Arthur, era uma manhã de Natal.

Ele virou a página com o título e começou a ler o capítulo de abertura.

— Ah — disse ele —, isso é maravilhoso. Mal posso esperar para ler tudo. Começarei hoje à noite. Obrigado, Kevin.

Fiquei grato por isso, mas também apreensivo. É mortificante dar um livro sobre palavras ao incontestável mestre das palavras.

Comecei a fazer minhas ressalvas:

— Está inacabado, sei que há erros...

Mas Arthur fez um gesto com a mão enquanto continuava a olhar o manuscrito.

— Tenho certeza de que está bom — falou ele. — Tenho certeza de que você deu o melhor de si.

Enquanto eu estava sentado ali no quarto de Arthur — um lugar que, depois de 93 anos de uma vida tão rica, variada e viajada, abrigava agora absolutamente todos os bens materiais dele —, refleti sobre a infalível gentileza e paciência que aquele homem sempre demonstrou. Mesmo quando eu chegava atrasado — o que acontecia bastante —, ele era o retrato da boa vontade e da aceitação. Percebi que a história dele de vida estava refletida nas palavras deste livro.

> ***Genshai.*** *Nunca trate ninguém como pequeno.* Dos colegas residentes em Summerfield Manor a convidados, familiares e amigos, ele não trata ninguém de um modo que faça a pessoa se sentir pequena. Arthur faz você se sentir como se fosse a pessoa mais importante presente.

> **Descobridor de caminhos.** *Líder.* Tão seguramente como se seu ouvido estivesse literalmente encostado no chão, ele lê os sinais e as pistas que revelam o poder secreto das palavras de forma infalível.

Namastê. *Saudar o Divino dentro de você.* Todos os dias ele se concentra em fazer o que faz unicamente de melhor.

Paixão. *Sofrer por aquilo que você mais ama.* Ele ama as palavras, ama a família e passa a vida sofrendo voluntariamente por elas.

Sapere Vedere. Saber ver. Mesmo em idade avançada, com pouca audição e visão fraca, a percepção de Arthur continua excelente.

Humildade. *Dispor-se a ser treinado e ensinado.* Ele sabe incontáveis palavras em inúmeras línguas, mas todos os dias cola uma nova palavra no espelho para aprender.

Inspire. *Respirar vida no outro.* Toda vez que entro no quarto, ele respira vida em mim e nos meus sonhos.

Empatia. *Fazer o caminho do outro.* Através do amor de Arthur pela linguagem e pelo homem, a capacidade dele se relacionar com os outros não tem limites.

Treinador. *Conduzir outro.* Com as regulares "Cápsulas de Cultura" nas tardes de quinta-feira, ele conduz os colegas residentes pelo mundo.

Ollin. *Mover-se com todo o seu coração*. Durante toda a vida, Arthur levou seus dons e saltou "com tudo".

Integridade. *Inteiro e completo*. O trabalho de toda a vida dele reflete completude.

Olhei Arthur enquanto ele continuava a folhear o manuscrito. Percebi que as palavras estariam para sempre transformadas em minha mente graças à sabedoria iluminadora do meu mestre. Percebi que Arthur é realmente um dos grandes presentes da minha vida.

Apanhei minha bolsa e lhe apresentei outro livro — meu diário de descobridor de caminhos.

— Eu ficaria honrado se tivesse sua assinatura aqui — falei, empurrando-lhe *O Livro dos Grandes*.

Sem hesitar, ele pegou minha caneta e assinou seu nome.

O mestre das palavras

Os mestres da arte de viver fazem pouca distinção entre trabalho e divertimento, o labor e o lazer, a mente e o corpo, a informação e a recreação, o amor e a religião. Dificilmente eles sabem qual é qual; eles simplesmente perseguem sua visão de excelência no que quer que façam, deixando que os outros decidam se estão trabalhando ou se divertindo.

— JAMES A. MICHENER

O Livro dos Grandes

Ao fim de cada um dos 11 capítulos deste livro, você relacionou as pessoas que personificam a palavra identificada em cada capítulo. Agora, use esses nomes para iniciar seu próprio Livro dos Grandes — um registro das pessoas que enriqueceram sua vida.

Homenageie-os e reconheça-os tendo a assinatura deles ao lado da palavra que representa cada pessoa.

Você verá páginas adicionais para novos nomes, porque seu Livro dos Grandes ainda não está completo. Outros aparecerão para ajudá-lo a descobrir seu caminho e realizar seu propósito. Acrescente-os quando eles fizerem isso.

Lembre-se: é tudo uma jornada.

O Livro dos Grandes

Mestre das palavras   *Arthur K. Watkins*
_____

Genshai
_____

Descobridor de caminhos
_____

Namastê
_____

Paixão
_____

Sapere Vedere
_____

O Livro dos Grandes

Humildade

Inspire

Empatia

Treinador

Ollin

Integridade

O Livro dos Grandes

O Livro dos Grandes

O Livro dos Grandes

O Livro dos Grandes

O Livro dos Grandes

O Livro dos Grandes de Kevin

Eu expresso profunda gratidão a todos os "grandes" que apareceram em meu caminho e influenciaram este livro.

A Pravin Cherkoori, por compartilhar comigo uma palavra secreta que liberta o potencial humano, e ao professor Arthur Watkins, por compartilhar os segredos de todas as palavras.

A Richard Paul Evans, Dr. Spencer Johnson e Jeff Flamm, pelos insights aguçados para o título e subtítulo do livro; Lee Benson, por tirar meus pensamentos e percepções das nuvens e colocá-los em páginas escritas (a habilidade, paciência, humor e trabalho duro dele tornaram este livro uma realidade); Margret McBride, a maior agente do mundo, por recomendar as seções "Tardes com Arthur" e "Pensamentos em meu diário" — você personifica a excelência, Margret; e Donna DeGutis, Faye Atchison e Anne Bomke, da Margret McBride Literary Agency, pela maestria de sua arte; Mary Ellen O'Neill, a melhor editora e autora que eu poderia ter, por captar a visão do livro; Liate Stehlik, uma publisher de nível internacional; Michael Morrison, por acreditar na mensagem do livro; Iskra Johnson, pela caligrafia refinada; Laura "Eagle Eye" Daly, copidesque extraordinária; Dennis Webb, meu parceiro de negócios, pelo apoio inabalável; David Jobe, por criar um prazo final e uma plataforma para lançar a primeira edição do livro; Michael Hall, pela incondicional assistência, gentileza e excelência administrativa; Fran Platt, pelo fantástico layout original e pelo esforço esmerado; Bill "Print Broker" Ruesch, por pensar e agir fora dos parâmetros convencionais; Brad Airmet, da FC Printing, por tornar possível o impossível; e Jackie Guibord e Mary Hill, pelas incontáveis horas revisando voluntariamente palavras, palavras e mais palavras. Vocês foram heroicas!

Eu gostaria de agradecer também aos primeiros leitores e consultores: Cindy Andra, Modesto Alcala, Raylene Anderson, Ty Bennett, Dave Blanchard, Steve Carlston, Alice Elliot, Jerry Johnson, Blanch Linton, Joan Linton, Gilbert Melott, Dan McCormick, Patti Miles, Peter Miles, Edna Morris, Pat Murphy, Bill Peterson, Barry Rellaford, Judy Schiffman, Lance Schiffman, Marlene Siskel, Jeff Smith, Philip Webb e Martsie Webb pelos feedbacks e insights inestimáveis.

E a todos que influenciaram meu caminho e propósito pessoais, especialmente Ray Freeman e Larry Hall, pela direção inicial que mudou o rumo de minha vida; Stephen R. Covey, pelo modelo de uma vida de integridade; Norman Brinker, por personificar humildade, empatia e, sobretudo, *Genshai*; James Newman, por "regozijar-se com meu sucesso" e me conectar com Viktor Frankl e o projeto da Estátua da Responsabilidade; e Viktor Frankl, Og Mandino e William Danforth, por introduzirem palavras escritas que me estimularam e me inspiraram.

À minha mãe, que me convenceu de que eu podia fazer qualquer coisa que sonhasse; a Sherry — você é o amor de minha vida —, obrigado por sempre acreditar em mim, e que os próximos trinta anos sejam tão doces quanto os anteriores; aos meus filhos e netos — suas vidas me deixam orgulhoso.

Ao meu Criador — por cada dom e cada palavra.

Epílogo

Por Dr. Gerald Bell,
fundador do Bell Leadership Institute

Kevin Hall criou para nós, neste livro maravilhoso, um caminho que podemos tomar para buscar níveis mais elevados de contribuição para sermos seres humanos mais efetivos. Nossos caminhos se cruzaram naquele dia extraordinário nas Grand Tetons talvez porque somos apaixonados por ajudar·os outros a encontrar sentido e significado na vida. O caminho de Kevin envolvia levar pessoas (incluindo escoteiros de 12 anos) a estabelecer objetivos e propósitos o mais cedo possível, e depois ajudá-las a adquirir conhecimento e habilidades para persistir nisso e alcançar essas aspirações. Meu caminho me levou ao que chamo de "O estudo dos 4 mil", em que milhares de indivíduos mais velhos rememoraram suas vidas e se arrependeram de não terem traçado um plano para o que eles queriam fazer. Eles lamentaram a aleatoriedade de vidas moldadas por estímulos externos, e não por objetivos internos e foco.

As pessoas tendem a pensar que a vida será difícil se elas tiverem um propósito, mas a verdade é exatamente o oposto. Se elas estabelecem objetivos, estes as libertarão. Isso foi confirmado repetidamente ao longo dos últimos 35 anos, enquanto eu ensinava a mais de 500 mil líderes, de mais de 4.700 organizações, de mais de 85 países, as especificidades da liderança e do alcance de objetivos. Kevin detalhou nas páginas deste livro como assumir o controle e comandar a direção da sua vida. Você conhece isso agora como "descobrir caminhos". Este livro perspicaz ajudará você a se tornar um verdadeiro descobridor de caminhos. Ajudará você a descobrir e seguir seu caminho e propósito únicos na vida. Ensinará você a dar contribuições significativas e profundas à vida. E, mais importante, será o seu guia para viver uma vida sem arrependimentos.

Mas você tem que fazer mais do que apenas lê-lo. Precisa agir sobre isso. Diz-se que "saber e não fazer é não saber". Encorajo você fortemente a retornar aos "Pensamentos em meu diário", ao fim de cada capítulo, e considerar colocar esses princípios em prática no dia a dia.

Você iniciou a jornada deste livro com uma palavra secreta que lhe dá o poder de se construir primeiro. Você termina a jornada com o desafio de se tornar inteiro e completo. Comprometa-se inteiramente em crescer e construir um ser completo, e prometo que você contribuirá mais do que jamais sonhou.

Sou muito feliz por Kevin ter aparecido em meu caminho. O amor dele pelas palavras é inspirador. A beleza essencial das palavras o cativa. A habilidade de Kevin para pegar uma palavra, erguê-la, encará-la de todos os lados, girá-la, ouvir os sons, determinar seu oposto e descobrir o que significava para nossos antepassados deu a você o dom extraordinário que agora tem em suas mãos.

Acredito que o amor de Kevin pelas palavras nasceu do amor dele pelas pessoas. Em sua jornada de vida, ele se aproximou naturalmente das pessoas, abraçou-as, estudou-as, buscou suas ideias e tentou entendê-las. Estou convencido de que essa fonte original de energia o levou à descoberta da característica essencial das palavras de moldar nossas vidas. A paixão dele por uma vida com propósito é contagiante. Foi isso, antes de mais nada, o que nos juntou.

Que seu caminho seja pleno de abundância e realizações. E se algum dia você sair para dar uma corrida de verão revigorante nas montanhas Grand Tetons, fique de olho, porque aquele professor correndo no seu caminho pode ser eu.

— GERALD BELL

Este livro foi composto na tipologia Sabon LT Std,
em corpo 11/15,3, impresso em papel offwhite,
no Sistema Cameron da Divisão Gráfica
da Distribuidora Record.